從細胞到生物圈

馬爾薩斯陷阱、地球系統演化史、拉馬克歸來，在「好玩」過程中理解生物學的本質

.... 張超、趙奐、林祖榮 編著 ....

◎從 6 億年前至今，至少有 20 億種生物出現，其中 99.9% 的物種已滅絕？

◎刺蝟受敵就會變「刺球」，狐狸卻能「撒尿」將其燻到「全身舒展」？

◎雄章魚交配完便耗盡了畢生體力，連食物都不再吃，就這樣迎接死亡？

....

詭異的求偶行為、悲壯的繁衍使命、

為了生存過度努力的病毒……

跳脫死板觀念，最有趣、最好玩、最嚴肅！

這堂生物課絕對不讓你睡！

目錄

目錄

目錄

序言

　　這本書是我們師徒三人合作的作品，林祖榮老師是我和趙奐的指導教授。我們三個人都是中學的生物老師。

　　「生物學」教學於我們而言，並非單純工作那麼簡單，在生物學的學習和教授過程中，其博大的方法與思想、精謹的邏輯與系統、深廣的內涵與外延，無時無刻不在影響著我們的思維，使我們在生物學的海洋中暢遊時驚喜不斷、收穫連連；使我們面對紛繁複雜的世界時能夠從容不迫、鮮疑少惑。

　　正是因為我們對生物學的喜愛，也是因為我們對生物學教學的喜歡，更是因為我們希望透過努力將這份生物學中的美妙帶給更多的孩子，所以我們決定編寫一本既有趣又適合中學生嚴肅閱讀的書籍。基於這種想法，就有了你手中的這本書。

　　你手中這本有關生物學的書籍是有趣的，與只是知識概念羅列的課本相比，這本書不但告訴你「其然」，還會告訴你「其所以然」，讓你從死板的概念中跳脫出來，每一個概念的來龍去脈、每一個知識的前因後果都躍然紙上，讓你在不知不覺的「好玩」過程中理解生物學的本質。

　　你手中這本有關生物學的書籍是嚴肅的，其中的每一個生物學概念、思想、方法都是經歷了很多學者細緻嚴謹的科學研究而獲得的。身為編寫者的我們並不是這些科學結論的研究者，我們能承諾給大家的是書中的每一個知識都有更為專業的生物學研究作為保障，也有更為專業的生物學專著或論文作為根據，有興趣的同學可以進行更為專業且深入的閱讀。

　　本書的編寫首先要感謝的是學習生物學的同學們，正是你們的需求給

予了我們靈感，正是你們的勤奮給予了我們動力；接下來要感謝的是和我們一樣熱愛生物學的生物組老師們，與你們並肩作戰是一種榮幸和幸福；再要感謝的是為本書的編寫提供了材料的生物學專業研究者們，我們只是站在巨人的肩膀上做了一件力所能及的事情，在編寫期間，我們有幸聯繫上了王立銘教授和朱欽士教授，他們的慷慨令我們感動不已，還有更多我們沒有聯繫到的研究者，在此一併表示感謝；還要感謝我們任教的實驗中學，是這個和睦的大家庭讓我們師徒三人有機會相遇、相知……此書的完成需要感謝的人太多，難免掛一漏萬，在此向所有幫助過我們的人表達我們的敬意。

　　由於能力有限，書中難免有疏漏之處，歡迎大家交流、指正。

張超

第一篇
系統：從細胞到生物圈

生命是一個高度有序的系統

　　每個人頭腦中都會有一個關於生命體的概念，生命體有很多共同特徵，如繁殖和適應，但在這一篇中，主要強調生命是一個高度有序的系統，區別於周圍的環境。

　　什麼是系統呢？系統由相對獨立又彼此連結的元素構成。元素按照特定結構形成的系統是高度有序的。這種系統能夠完成的功能大於所有元素獨立功能的總和。打個比方，復仇者聯盟是一個系統，雖然每個超級英雄都很厲害，但是他們簡單組合的力量無法戰勝薩諾斯，但是透過團隊合作，每一位成員發揮自己的特長，相互配合，最終形成的聯盟總能完成無法想像的任務。為什麼元素有序組合與混亂組態形成的集合有這麼大的區別呢？下面以汽車為例說明這個問題。汽車可以被看成一個高度有序的系統，如果把汽車拆解開，可以得到 1 萬多個零件。這 1 萬多個零件所組成的集合與一輛汽車在物質上是完全相同的，但是所有零件在離開它本來的結構後都失去了原有的功能：引擎的氣缸失去封閉結構就無法產生動力，變速箱的一個齒輪也無法完成動力的傳送，火星塞沒有電源無法點火，方向盤不與輪胎連接就不能控制方向……在這個例子中，我們看到系統的結構保證每個元素之間相互關聯，關聯後每個元素的簡單功能就能相互配合。

　　生命體就像汽車一樣，是一個高度有序的系統，只是要比汽車複雜得多，組成一個細胞的分子就要以億來計算，更不要說一個個體。細胞是一個系統，拆開這個系統比拆開一輛汽車容易，如把一個柳橙放進榨汁機，啟動榨汁程式，一會兒就可以把柳橙分成柳橙汁和一些殘渣兩部分，這些物質加起來與組成柳橙細胞的物質沒有差異，但是細胞結構被破壞後，原來細胞的功能就無法完成，其中的原因與汽車零件無法在公路上行駛一樣。個體是一個系統，以人為例，人體中不同器官具有特定的功能，這些

器官只有相互配合才能維持人體正常的生命活動。比如呼吸，人體細胞進行呼吸作用，細胞內的葡萄糖被氧化分解，在整體上表現為細胞吸收 O_2 釋放 CO_2，細胞需要的 O_2 來自於血液中的紅血球，血液在流經肺泡時會與肺泡中的空氣進行氣體交換，完成肺泡中空氣的換氣過程還需要肋間肌幫助胸廓運動，肋間肌的非自主運動又受到延髓呼吸中樞的控制，血液中 CO_2 的濃度可以透過延髓呼吸中樞調整胸廓運動的強度……十幾個組織的精密配合完成的還只是我們幾乎意識不到的「小事」。一個區域所有的生命體也可以看作一個系統，其中的每種生命體就是組成系統的元素。與細胞和個體系統相比，這個系統的元素特別容易分離，而且似乎分離後並不會直接影響其他生命體，但事實並非如此，在一個穩定的生態系統中，沒有哪一個物種是可有可無的，在後面的例子裡，大家會看到去除任何一個物種都會牽一髮而動全身。

　　細胞、個體和生態系統都具有能夠連結所有元素的結構，是高度有序的系統。系統的有序性常用熵（entropy）這個概念衡量，有序性越大，熵值越小；相反，混亂程度越大，熵值越大。我們平時看到墨水在水中出現擴散的現象就是一種熵增。墨水分子在水中一直在做隨機熱運動，結果是墨水分子集中在一起的機率極小。用一個宏觀現象模擬上述過程，把一些灰球放在一個裝滿黑球的玻璃杯裡，灰球代表墨水分子，黑球代表水分子。用力搖晃玻璃杯，灰球和黑球做類似於分子熱運動的隨機運動，最終結果是灰球仍然集中在一起的機率是有的，但是極低，如圖 0-1 所示。熵反映的就是粒子透過熱運動分布狀態的機率，混亂程度大的機率相對高，在一個系統中熵增過程會自發進行，所以我們會發現生命是一個低熵系統，而生命系統之外的環境卻是一個高熵系統。

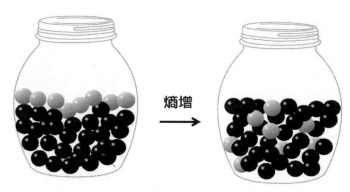

圖 0-1　熵增

　　在這一篇中,我們將看到生命系統有序性的意義、生命系統有序性的形成條件、生命系統的演化規律以及系統最終潰散的規律。

第一章

生命是一個低熵系統

▲ 生物系統像一座圍城

「婚姻是一座圍城，城外的人想進去，城裡的人想出來。」《圍城》這部小說的主題也許是引起了很多人的共鳴，所以被不斷提起。但是，如果把這句話改寫成「生命系統像一座圍城，城外的物質想進去，城裡的物質想出來」，那也一樣是非常合理的。

一個人體細胞，細胞內 K^+ 濃度高，細胞外 Na^+ 濃度高。任何一個生命體，有機物的含量都高於它生活的環境。沙漠中的綠洲，有機物含量和水含量都高於周圍沙漠。當我們把生命與周圍環境看成一個系統時，會發現這個系統的物質分布極不均勻。根據引言中提到過的熵增原理：物質有自動分布均勻的趨勢。這讓我們不得不思考：這個系統的低熵狀態是怎樣形成的？

回答這個問題有兩個方向：一是物質分布不均的原因是什麼；二是系統如何維持物質分布不均。關於物質分布不均的原因是後面要探究的問題，這裡主要解釋系統是如何維持物質分布不均的，可以歸納為兩個方面：一是系統邊界的阻礙作用；二是系統內部物質的內聚作用。

如圖 1-1 所示，在一個細胞中，細胞膜是細胞的邊界，細胞膜的骨架是磷脂雙分子層（lipid bilayer 或 phospholipid bilayer）構成的油層，離子是不能通過油層的，所以離子被細胞膜這座「城牆」阻隔，不能隨意進出細胞。但對於水分子來說，細胞膜的阻礙作用就弱得多，一是磷脂雙分子層無法完全阻止水的進出，二是多數細胞的細胞膜上都有水通道蛋白（aquaporin），這種蛋白是一種只供水分子通過的 VIP 通道，這樣一來，細胞膜完全無法阻礙水的進出，但是細胞中的親水大分子和離子具有吸引水分子的能力，這使得細胞在水環境中比簡單的磷脂膜包裹的系統更容易吸水、保水。

一個個體也有明顯的邊界，如人體的皮膚、植物葉片的表皮蠟質、昆

蟲的外骨骼等都可以看作這些系統的邊界，如圖 1-2 所示。皮膚最外層的角質層（stratum corneum）由富含角蛋白的死細胞構成，植物葉片表皮細胞外側還有一層表皮蠟質，昆蟲外骨骼主要由幾丁質（chitin）組成。組成系統邊界的物質有很大差異，但這些物質卻都有一種相同的功能 —— 保水。細胞有一定的吸水、保水能力，但是如果細胞暴露在空氣環境中，在周圍水分子含量極低的條件下，細胞中的水分仍然會很快散失。細胞需要生活在水環境中，這就為陸生生物出了一個難題。而陸生生物的解題方法就是打造一套隔水的系統邊界，減少水從體內逃逸，為細胞製造一個穩定的水環境。但是，最外層的邊界又為什麼不離開這個系統呢？人的角質層細胞每分鐘都在脫落，同時每分鐘也在形成，新形成的角質層細胞與皮膚細胞之間仍然存在連接；葉片的表皮蠟質是葉片表皮細胞分泌的一種脂質，難溶於水，也難揮發，只能吸附在葉片表面；幾丁質是單醣聚合形成的多醣，幾丁質鏈之間相互交錯，形成網狀結構，在外觀上看是一個完整的殼。可以看出：一個個體的邊界是透過吸附或聚合的作用保留於系統外側的。個體內部的細胞和物質之間也一樣存在吸附或聚合的關係。

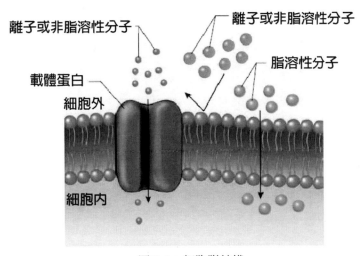

圖 1-1　細胞膜結構

角質層 ── 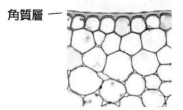　昆蟲外骨骼

圖 1-2　葉片和甲蟲的邊界

　　對於一個特定的生態系統而言，地理上的山川、河流可能作為邊界對生物的移動造成阻礙作用，這使得生物無法自由遷徙到該生態系統以外的區域。同時，一個生態系統內部透過長期進化形成了穩定的物種之間相互依存的關係，這也讓某種生物難以離開它所在的生態系統。例如，珊瑚礁生態系統是海洋中最活躍的生態系統，地位類似於陸地生態系統中的熱帶雨林。珊瑚蟲外骨骼的化學成分是 $CaCO_3$，隨著珊瑚蟲的繁殖和死亡，它們的外骨骼堆積形成了珊瑚礁。珊瑚蟲就像海底的建築工，它們建造的珊瑚礁建築群連接起來，甚至可以形成島嶼。珊瑚礁為軟體動物、多孔動物、棘皮動物和甲殼動物等提供了棲息場所，也吸引了眾多捕食者。這樣，這些生物體的有機物聚集在珊瑚礁周圍，雖然與周圍海域沒有邊界阻隔，但不管是生物種類數量還是有機物的含量都比周圍海域高得多。

　　生命系統就像一座圍城，有時依賴「城牆」把物質圍在系統內，有時又透過「城市凝聚力」聚集這些物質。

◢ 細胞膜上的馬克士威惡魔

「馬克士威惡魔」（Maxwell's demon）是在物理學中假想的魔鬼，可以看作對熵增定律的質疑。

熵增定律指出，一個系統的熵增是自發進行的。但是，1871 年，英國物理學家馬克士威（James Clerk Maxwell）提出一種質疑。他將一個系統分隔成兩部分，兩部分中間有一條通道，通道由一種智慧生物把守，被稱為馬克士威惡魔。馬克士威惡魔能夠識別分子的種類，圖 1-3 中灰球和黑球分別代表兩種分子，灰球代表的分子可以進入裝置的右側，但是進入左側卻被這個妖怪禁止。妖怪對黑球代表分子的作用恰好相反。在這個裝置中，灰色分子最終聚集在裝置右側，黑色分子集中在裝置左側，也就是出現熵值降低的現象。這與熵值自發增加的過程是相反的。馬克士威惡魔假設在當時具有巨大的應用展望，如果裝置兩側開始階段分子總數相同，但是灰球總量大於黑球總量，那麼透過馬克士威惡魔的工作，裝置右側灰球數量將大於左側黑球，裝置右側的壓強就會大於裝置左側，右側分子再次進入左側時就可以做功了，利用這個模型就可以設計出一種永動機，就是說馬克士威惡魔能憑空製造能量出來。但是能量守恆定律指出，能量並不能被憑空製造，哪怕妖怪也不行。能量守恆定律是現代科學界公認的，今後也很難被推翻的科學理論，這個永動機的問題出在哪呢？問題在於馬克士威惡魔在識別分子時需要消耗能量。要製造這種永動機，需要飼養一隻馬克士威惡魔，而這隻妖怪消耗的能量比產生的能量更大。從另一個角度看，馬克士威惡魔可以透過消耗能量降低系統熵值。而生命體的低熵狀態就是這樣形成的。

對一個人體細胞而言，細胞內外 Na^+ 和 K^+ 濃度是不同的。細胞外的 Na^+ 濃度是細胞內的十多倍，K^+ 在細胞內外的分布正相反，細胞內 K^+ 的濃度比細胞外高得多。當我們把細胞和它所處環境看作一個系統時會發

現，這個系統與圖 1-3 中的系統極其相似。細胞膜就是兩個格子中間的隔板，Na^+ 和 K^+ 不能隨意穿過細胞膜，就好像裝置中的灰球和黑球不能穿過隔板一樣。如此一來，要解釋 Na^+、K^+ 在細胞內外分布不均就要在細胞膜上找到那隻馬克士威惡魔。

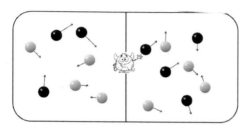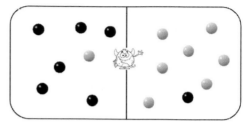

圖 1-3　馬克士威惡魔裝置

1955 年，科學家真的找到了這隻妖怪。它能夠在細胞膜的細胞內一側識別 Na^+，在細胞外識別 K^+，然後把它們釋放到細胞膜的對面一側。與馬克士威惡魔一樣，這也是一隻需要能量餵養的妖怪，每次這種轉運都需要消耗 1 個能量分子（ATP 分子）。這隻妖怪工作的結果可以描述為 3 個 Na^+ 出細胞，2 個 K^+ 進細胞，1 個 ATP 分子水解，所以這隻妖怪被科學家稱為鈉鉀 ATP 酶。因為能夠逆濃度運輸 Na^+、K^+，所以鈉鉀 ATP 酶又被稱為鈉鉀幫浦。

如圖 1-4 所示，鈉鉀 ATP 酶在細胞中的作用非常重要，透過不對等主動轉運兩種陽離子，細胞內外的電荷分布產生了差異，多數人體細胞外的正電荷要高於負電荷。這種電荷分布為陽離子進入細胞提供了一個天然的電場，使得陽離子可以像坐滑梯一樣進入細胞內。只不過這個滑梯的入口不會向所有的陽離子開放，這是因為細胞的磷脂雙分子層結構對離子的阻礙作用非常大。細胞膜上有一些離子專用的通道，這些通道才是陽離子真正的滑梯。細胞也不會這麼簡單地讓陽離子通過滑梯，因為透過消耗能量建立的電場會隨著陽離子進入細胞而消失。陽離子通道可能是受控通道，需要時才打開，然後引起細胞內發生一連串的反應；也可能是陽離子進入

細胞時會幫助一些無電荷的分子（如葡萄糖分子）進入細胞。Na^+-葡萄糖共轉運載體在人體小腸上皮細胞膜和腎小管上皮細胞膜上很常見。這個載體的作用原理就是利用鈉鉀 ATP 酶工作產生的 Na^+ 電位能驅動葡萄糖分子進入細胞。這個過程中，鈉鉀 ATP 酶就好像一臺水幫浦，把一個池塘的水抽到相鄰的另一個池塘，形成了一個水流回被抽水池塘的位能。Na^+-葡萄糖共轉運載體就是一條允許水通過的通道，只是水要想通過，還要帶一條魚過去。這樣被抽水的池塘中魚的數量就會增加，兩個池塘之間魚的數量不再均等，這就是低熵。

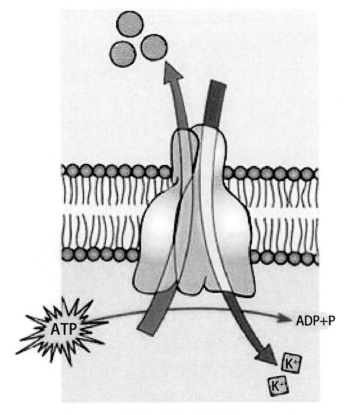

圖 1-4　Na^+- K^+ATP 酶

吸收能量，為系統帶來低熵，這就是馬克士威惡魔在細胞中的工作。

◢ 城外混亂 Vs 城內井然

在中國古代傳說中，世界始於盤古開天，之前一片混沌。盤古覺醒後用一把大斧把混沌劈開，分為天地，天地之分就是世界秩序的起點。傳說代表古代人類對世界的一種認識，但是我們卻認為，生命的出現賦予了秩序新的意義，非生物環境相對於生命體熵值顯然過高。在前文中我們從生命系統內外物質成分差異的角度討論了生命系統的低熵值，現在我們要討論的是系統內結構的有序性以及這種有序性的作用。

試想讓一個沒有學習過生物學知識的人玩一個人體器官模型的玩具，要求他把所有器官擺在正確的位置，那麼他擺放正確的機率是多少？另外一件事情是讓一個人隨意地抓起沙灘上的沙子，沙子可能由幾種不同材質的沙粒組成，在他把這把沙子撒下去以後，隨機掉落的沙子中沙粒的分布與沙灘其他沙粒的分布有什麼區別嗎？上面兩個實驗想說明的問題是：人體器官不是隨機分布的（見圖 1-5），但沙灘上的沙子是；人體器官被分開後恢復成原樣的機率非常低，但沙灘上的沙子本來就是隨機分布的，沙子只要隨機回到沙灘，分布方式就與原來沒有差異；人體是一個低熵系統，沙灘是一個高熵系統。

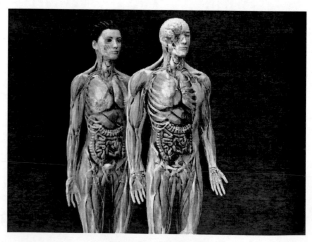

圖 1-5　人體結構

　　這個低熵系統意義何在呢？請讀者思考這樣一個問題：完成一個抬手的動作需要身體的哪些部分配合？首先想到的應該是肌肉和骨骼，因為我們直觀看到和感受到的就是肌肉帶動了骨骼的運動；然後就會想到是神經將大腦的指令傳遞給了肌肉；同時肌肉收縮需要的能量來自於細胞呼吸，細胞呼吸需要的有機物來自小腸的吸收，氧氣來自於肺泡的吸收。看似簡單的過程卻需要運動、神經、循環、消化、呼吸等系統的多個器官和組織配合才能完成。而這種配合依賴於組織的功能和位置關係。肺泡周圍和小腸上皮下都有微血管形成的網絡，這使得肺泡中的氧氣和小腸腸腔中的營養物質很容易進入血液，血液在血管形成的封閉網絡中循環，在肌肉和其他組織中，血管再次變細形成微血管，氧氣和營養物質進入細胞，呼吸作用在細胞中進行，為細胞供能。另一方面，大腦皮層、脊髓和脊神經構成資訊通路，負責將抬手的指令發送給肌肉。可以看出，透過血液循環和神經網絡，整個機體的不同組織被連結在一起，協同完成生理功能。這就使一個人體比相同質量、相同含量的元素能完成的事情多得多。

　　如圖 1-6 所示，細胞同樣是一個低熵系統。在一個細胞中也有類似的結構和分工。在細胞內，生物膜包裹形成一個一個的囊，在每個囊內包含不同物質，發生不同反應，完成不同功能。這些囊彼此獨立，保證每個囊內特定化學反應不會相互干擾。例如，溶酶體內部包含大量的水解酶，負責消化細胞中的大分子物質，這個資源回收站裡面的拆卸工（指水解酶）可個個都不好惹，最好不要讓它們跑到細胞其他部分搞破壞。有趣的是，雖然這些囊彼此獨立，但是它們之間又經常透過彼此融合的方式連接起來，連結在一起。還是以溶酶體為例，細胞中一個獨立的水解場所非常重要，但是這個場所面臨一個兩難的問題：這個場所中的酶是不能出去的，但將被水解的大分子物質卻需要進來，如何解決這一問題呢？就是透過兩個囊融合的方式，包裹水解酶的囊和包裹待水解物的囊相互融合形成溶酶體。溶酶體從來源上可以分為兩種：吞噬溶酶體和自噬溶酶體。吞噬溶

酶體是細胞外物質被細胞膜包裹進入細胞，與初級溶酶體（就是包裹水解酶的囊）融合；自噬溶酶體是細胞處理內部物質時形成的結構，細胞必須在內部形成自噬泡，自噬泡再與初級溶酶體融合才能形成自噬溶酶體。自噬泡的形成看似多此一舉，要知道憑空從細胞中產生一個由生物膜包裹的囊需要動用細胞內大量的資源，但是也只有透過這種機制才能解決溶酶體必須封閉但又要接受外來物質的問題。不過溶酶體的這種機制也讓我們隱隱擔憂，細胞中除了自噬泡和吞噬泡以外還有很多生物膜包裹的囊泡，這些囊泡理論上也有與溶酶體融合的可能，如果這樣的事情發生，那麼有囊的結構都有被水解的可能。細胞解決這個難題可能透過兩種方式：一是所有囊泡都是在細胞骨架形成的軌道上運行的，軌道不同的囊泡無法融合；二是囊泡表面有識別物，兩個囊泡之間的識別物就像鎖和鑰匙，只有相互匹配才能完成融合。細胞骨架和膜泡增加了細胞內結構的有序性，降低了熵值。

　　只有像生命一樣的低熵系統，才能完成如此複雜的功能。

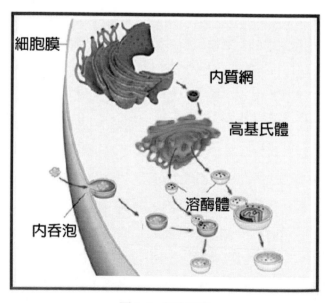

圖 1-6　細胞結構

◢ 生命體中的樂高積木

曾經有一部科幻片有這樣一個橋段,人類為星際旅行設計了傳送門,進入傳送門的人會被分解為原子,在走出另一端傳送門之前再被組裝起來。這個策略是想利用原子可以被加速到接近光速的性質,加快人類旅行的速度。但是,從前面的討論我們了解到,生物被分解成原子的過程是熵增,而從原子組裝成個體的過程是熵減,熵減不能自發進行,需要從系統外吸收能量。需要多少能量呢?即使是一個細胞被分解產生的幾千億個原子,恢復為原來狀態的機率也是無窮小的,所以這些原子再次組裝形成一個細胞需要的能量無窮大。對於一個人來說,還要算上細胞的數量和細胞形成個體所需的能量。因此,這種星際旅行的策略是不可行的。

如果由原子組裝成細胞的策略不可行,那麼自然界中的細胞又是如何形成的呢?答案是細胞並非原子直接組裝形成的,組成細胞的大多數物質都是在進入細胞之前就已經組裝成了分子。例如,水是細胞中含量最多的物質,H 原子和 O 原子是先結合成水,再被細胞吸收的。換句話說,組成細胞的物質在組成細胞之前就已經是「半成品」了,細胞要降低的這部分熵值,是將這些半成品有序化的熵值。這就好像你現在手裡的這本書來自印刷廠,印刷廠購買紙張、油墨、印刷設備等,然後根據印刷內容、紙張大小等資訊進行印刷。市場上每本圖書都不一樣,但所有書的成本都應該低於書的定價,定價又要讓讀者能夠接受。這樣一本書的成本一定不能太高。如果這本書是你自己製作的,那你需要造紙,製作墨水,記憶並書寫書的內容,除此之外,印刷設備你也得自己製造,成本可就無法想像了。而真正的出版的圖書,紙張、油墨對於每本書來說都是通用的,每本書用的材料基本相同,只是裡面的內容不同。

組成生命體有沒有像紙張、油墨這樣的通用物質呢？有，而且令人難以置信的是，生命體雖然千差萬別，但是組成它們的通用分子卻是完全相同的。以下四類物質就是構建生命體的通用分子：胺基酸、核苷酸（nucleotide）、單醣（monosaccharides，亦稱 simple sugars）和乙醯輔酶 A（acetyl-CoA）。胺基酸、核苷酸、單醣之間經過複雜的反應，最終透過脫水結合在一起，形成蛋白質（protein）、核酸（nucleic acids）和多醣（polysaccharide）；乙醯輔酶 A 為碳氫長鏈的形成提供了原料，然後進一步合成脂肪和磷脂。如圖 1-7 所示，這四種分子很像四種不同的樂高積木，同種積木之間可以透過特定的連接方式拼裝起來。更加神奇的是，在一些細胞中，四種積木之間還能相互轉化。這樣，一個細胞的工作就跟上面說的印刷廠特別相似了，印刷廠只需要購買紙張和油墨，特定的細胞也只是吸收通用的樂高分子；紙張和油墨都是其他工廠生產的，樂高分子的生產一樣是由特定細胞完成的。透過這種分工合作，在每個細胞中必須要做的事情只是拼裝自己需要的樂高積木，拼裝積木所需要的能量比從頭製作積木小得多。這樣看來，細胞雖然是個熵值很低的系統，但是形成這個系統的能量需求是有限的，細胞吸收的分子本身的熵值就比較低，細胞只是把低熵分子組裝起來而已。

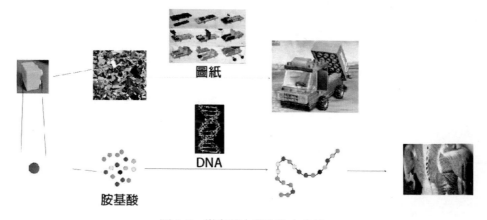

圖 1-7　樂高積木與生物大分子

　　通用分子解決了低熵問題，但是帶來了新的問題：為什麼所有生命體有相同的分子，但是生命形式卻千差萬別呢？這個問題用樂高積木做比喻也非常好理解。試想一下，如果你收到了一盒樂高積木，盒子上畫的是一艘精緻的太空船，你毫不猶豫地打開盒子，雄心勃勃地想要完成這個浩大工程，這時你發現盒子裡倒出來成千上萬塊花花綠綠的積木，卻沒有說明書……你一定明白了我想說的問題。樂高積木的精髓有兩個：一是通用零件有通用的連接方式；二是每款樂高積木都有一份說明書。前者賦予了樂高積木容易操作的特性，後者賦予了不同樂高積木之間的差異性。生命體跟樂高積木相似，通用分子的連接方式是固定的，但每個個體都有一套不同的說明書，這套說明書賦予了個體之間的差異。生命體的說明書是DNA，每個生物體中儲存著一套 DNA 分子，這些分子中儲存的資訊就是通用分子拼裝的說明書。有趣的是作為核酸的一種，DNA 也是由通用分子拼成的。

　　生命體是一個低熵系統，這個低熵系統的形成需要兩個條件：一是從系統外攝取能量；二是要按照儲存的資訊組裝自身。

第二章

低熵系統需要
從系統外攝取能量

◢ 「木材與木柴」——生命體中的兩類物質

中國古代建築多是木結構，建築風格在中國文化中留下了很深的印記，如「棟梁之材」是指那些能夠委以重任的人，其中「棟」和「梁」就是一個建築的框架。只有山林中高大喬木的主幹才能作為「棟梁之材」。古人還會在山林中採集大量樹枝作為薪柴，「漁樵耕讀」是古代四種重要職業，其中的「樵」就是採集木柴的人。不論「木材」還是「木柴」，都是植物的一部分（見圖 2-1），但是用途卻差異極大。

圖 2-1　「材」與「柴」

對於生命體來說，這種現象同樣存在。同樣一種物質，既能作為生命體的「木柴」為生命體供能，又能作為「木材」構建生命體的大廈。糖對於生物來說是重要的能源物質，但同時葡萄糖連接形成的纖維素又是構成植物的結構基礎（「木材」和「木柴」的主要成分都是纖維素，見圖 2-2）。蛋白質是構成人體的重要結構物質，頭髮、指甲、肌肉的主要成分都是蛋白質，但是蛋白質也能為人體供能，蛋白質為人體提供的能量可占所有有機化合物為人體供能的 10%。脂肪看起來只配做「木柴」，但是脂肪水解後產生的脂肪酸是合成磷脂的原料，磷脂作為細胞膜的基本骨架，在構成生命體結構上的作用不言而喻。

葡萄糖

纖維素

葡萄糖

圖 2-2　葡萄糖與纖維素

「木材」和「木柴」用於不同功能不難理解，但是為什麼構成生命體的物質既能構成生命體，又能為生命體提供能量呢？解釋這個問題有兩個角度，第一個角度是構成生命體的結構物質通常是大分子物質，是由小分子物質拼裝形成的，大分子物質再聚合可以形成更大的結構。在細胞中，「拼」和「拆」兩個相反的過程同時進行，從生物大分子上拆下來的小分子既可以作為合成生物大分子的原料，又能作為能源物質。第二個角度是不同類型的小分子最終可以轉化成一組相同的物質，透過統一的路徑氧化分解，釋放有機化合物中的能量為生物供能，同時這一組物質也能實現不同種類小分子物質之間的相互轉化。簡言之，細胞中存在生物大分子和小分子之間的聚合和解聚，小分子之間的相互轉化和小分子氧化分解釋放能量的機制，讓構成生命體的有機化合物既能構建結構，又可以為生命體提供能量。

在供能和小分子物質轉化過程中，在第一章中提到的小分子有機化合物乙醯輔酶 A 特別重要，糖和脂肪酸代謝過程中都能產生這種物質。這種分子上的乙醯基團是從糖或脂肪酸分解出來的一種含二碳單位，記為 C_2，C_2 能與一個四碳物質結合，形成六碳物質，六碳物質依次脫掉兩個 C，又

形成 C_4，即 $C_2+C_4 \rightarrow C_6 \rightarrow C_5+CO_2 \rightarrow C_4+CO_2$。$C_4$ 物質包括四種，在反應途徑中依次出現，最終形成的 C_4 就是能與 C_2 結合的 C_4。這個反應首尾相連構成一個循環，被稱為檸檬酸循環。正是這個循環的存在保證了乙醯輔酶 A 上的 C_2 能持續不斷地生成 CO_2。同時 C 原來攜帶的 H 最終與 O_2 結合形成水，這一步的氧化分解能釋放大量能量，是好氧生物（Aerobic organism）能量的主要來源。乙醯輔酶 A 就像一個連接兩條岔路的路口，糖和脂肪這兩類能源物質經過兩條不同的途徑在這裡匯合，然後走上一條相同的途徑—氧化分解，為有機體供能。乙醯輔酶 A 的作用還不止於此，糖和脂肪代謝的很多途徑可以逆轉，這就讓乙醯輔酶 A 這個路口成了物質轉化的通道。在動物體內，存糖轉變成脂肪是一件很容易的事，這個代謝途徑就是糖先轉化成乙醯輔酶 A，再由乙醯輔酶 A 合成脂肪，如圖 2-3 所示。

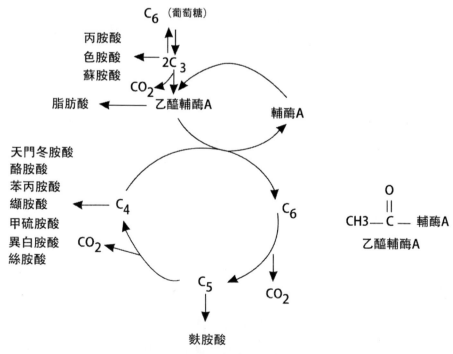

圖 2-3　物質之間的相互轉化

　　胺基酸是構成蛋白質的基本單位，這種分子含有胺基，細胞中存在脫去胺基酸上胺基的反應，胺基酸脫去胺基後可以形成檸檬酸循環中的物質，或者經過轉化形成這些物質，透過這種方式為細胞供能。與之相反的過程是檸檬酸循環中的一些物質加上胺基就能形成胺基酸，所以糖和脂肪也可以成為細胞生產胺基酸的原料。但是，對於人體細胞而言，構成蛋白質的胺基酸不是都能生產出來，生產胺基酸的種類取決於細胞生產胺基酸碳骨架的能力。人體細胞缺乏生產其中八種碳骨架的能力，這些胺基酸不能由人體合成，只能從食物中攝取。這些胺基酸就被稱為必需胺基酸。

　　所以，細胞中的主要有機化合物是可以透過檸檬酸循環這個代謝過程相互轉化的，也可以透過這個過程走向氧化分解為細胞供能的途徑。這個反應加上大分子物質的合成和分解就讓細胞能輕易轉化「木材」與「木柴」。

◢ 細胞裡的發電廠

　　現代社會與古代社會的生活有哪些不同呢？這個問題會有很多答案，但是電的使用一定是其中非常重要的一點。在沒有學會使用電能之前，人類已經開始利用各種形式的能量。透過燃燒，化學能被轉化為光能和熱能，水利資源豐富的地區會使用水車，流水中蘊藏的能量轉化成了機械能的形式。

　　現代社會中，人類直接使用的所有能源幾乎都可以透過電能轉化而來，電燈提供照明，電暖器、電磁爐提供熱量，電動汽車為出外遠行提供便利……電能為人類社會帶來的方便不言而喻，但是為什麼人類會選擇「電」呢？其中一個原因是人類現在的工具非常善於將其他能量形式轉化為電能，也非常善於將電能轉化為其他形式的能，這樣現代人類社會就構建出了一個以電能為仲介的能量系統。

　　細胞這個系統中存在一種類似於電能的能量仲介，這個仲介是一個由三種物質組成的能量轉化系統。這三種物質是 ADP、磷酸和 ATP。ADP 與磷酸結合形成 ATP，ATP 分解形成 ADP 和磷酸。前一個過程的發生需要吸收能量，後一個過程的發生會釋放能量。前一個反應需要的能量來自於各種有機化合物氧化產生的能量或者光能，後一個反應釋放的能量用於細胞運動、物質合成、物質轉運等各種細胞中的能量需求。想像一下，如果沒有這種機制，細胞會出現什麼問題？由於細胞不能肯定獲取能源的是哪種物質，因此要為每一種能源物質準備一套使用方案，這套方案中的每一個方案要最終解決一種細胞對能量的需求，這樣排列組合下來，細胞中的代謝會過於複雜。有了 ATP、ADP 能量轉化系統，所有能量形式只要能轉化成 ATP 中儲存的能量，細胞需要的能量只要都用 ATP 中儲存的能量，這個問題就解決了。這種方式就像人類社會中使用的電能一樣，不論什麼能量形式，先轉變為電能，人類需要的各種能量再從電能中獲取。

　　為了獲得電能，人類社會有發電廠，細胞中的發電廠是粒線體（mitochondrion），是細胞中生產 ATP 最多的場所（見圖 2-4）。雖然細胞中多數有機化合物都能被氧化分解，為細胞提供能量，但是發電廠對原料的要求非常高，這個電廠的原料是 C—H 鍵中的電子。H 在所有元素中原子核最小，因此束縛電子能力特別弱，共用電子會被與 H 原子共用電子的其他原子吸引走，如 O、N、C 都是這樣。與 H_2 中的電子相比，含 H 化合物中的電子被大原子吸引，這些電子離原子核更近，能量更低。當 H_2 與 O_2 反應生成水時會燃燒發出光和熱，這些能量就可以看成電子能量降低釋放出來的。C 比 O 束縛電子的能力低很多，所以與 O—H 鍵相比，C—H 鍵的電子遠離原子核，能級更高。這意味著在 C—H 轉化為 O—H 的過程中也會有能量釋放出來。汽油、天然氣燃燒釋放的能量來源於這種轉化。粒線體中發生的也是 C—H 鍵轉化為 O—H 的過程。C—H 中帶有高能量的電子被粒線體內膜上的蛋白質轉移走，H 變成 H^+ 和電子兩部分，H^+ 留在粒線體基質中，獲得電子的蛋白質能將粒線體基質中的 H^+ 轉運到粒線體內外膜之間的膜間腔（intermembrane space，簡稱 IMS）中。這樣在膜間腔內外就形成了 H^+ 濃度差，粒線體內膜上的蛋白質就像馬克士威惡魔一樣，吃掉電子攜帶的能量，然後造成熵值降低。蛋白質運送完 H^+，就會把電子給下一個蛋白質，自己恢復原來的狀態。電子一級一級傳遞，最終到粒線體內膜中的 O_2，O_2 接受電子後變成 O^- 離子，這樣隔在粒線體內膜兩側的就是 H^+ 和 O^- 兩種離子，膜間腔的電位要比粒線體基質高得多，這樣 H^+ 就有強烈的動力從膜間腔流回粒線體基質中。但是這種趨勢被粒線體內膜的磷脂層阻礙了。這個過程很像是一座水電站的水庫已經蓄滿了水，發電只剩最後一步，就是讓這些水流過發電機，如圖 2-5 所示。

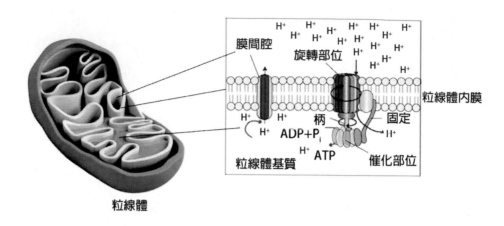

圖 2-4　粒線體內膜上的 ATP 合酶

　　粒線體內膜上也有發電機，這台發電機叫做 ATP 合酶。1994 年，科學家透過 X 光繞射（X-ray diffraction, XRD）技術構建了 ATP 合酶的立體結構模型，發現這個蛋白質有 H^+ 通過的通道，像風扇扇葉一樣的結構與這條通道相連，後來的研究證明，10 ～ 14 個 H^+ 推動這個結構轉動一次，每 4 個 H^+ 通過就有 1 分子 ATP 合成。這樣的結構和功能簡直和發電機一模一樣。

　　粒線體發電站正是透過先提高 H^+ 位能，再利用這些位能生產 ATP 的。

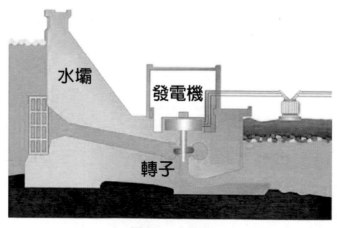

圖 2-5　水電站

◢ 生命系統的高速公路

高速公路、鐵路和航空是現代社會的標準配備，這些快捷的運輸系統對現代社會有什麼意義？「一騎紅塵妃子笑，無人知是荔枝來」這句古詩就可以揭示這個問題的答案。為了讓貴妃吃到新鮮的荔枝而動用國家資源，這種行為被詩人諷刺。可見在沒有發達的運輸網絡的古代，不同地域的物產很難交流。時至今日，不要說廣東的荔枝，就是吃到地球另一面的進口水果也不是稀奇的事。

發達的交通網絡是多細胞生命體的標配，這是因為作為多細胞的集合，每一個細胞接觸到外界物質的能力不同，細胞的功能也不同。細胞之間必須像不同地域的人一樣，相互交換物質，而解決這個問題的途徑也是透過發達的交通網絡將各部分連通起來。

脊椎動物體的交通網絡是循環系統，循環系統的主要路線是由血管形成的封閉的管道。一些城市中有環線公路，車流在環線公路中不停地循環。循環系統裡的血液跟車流的運轉方式相似，血管迴路中有分支，形成岔路，岔路又有分支並且越分越細，不論這些岔路有多細，最終都匯集到血管的主幹，也就是說血管是一個完全封閉的管道系統。這個管道看上去完全封閉，但事實上是一個開放系統。血管分支到最後一級是微血管，這種血管的直徑比髮絲的直徑還小，血管壁只有一層細胞。動物體形成很多結構與外界進行物質交換，這些位置都有豐富的微血管網，如肺泡周圍和小腸上皮周圍。這樣，外界物質只要透過幾層細胞就能進入血管這一交通網絡。動物的每個組織中都有豐富的微血管網，保證組織中每個細胞都能匯入血管網絡，這些微血管網造成的作用很像每個社區內部的道路，可以將社區裡的每一棟房屋與公共道路連通，而血液既有物資運輸車的作用，可以把營養物質運到社區中的每一戶人家，也有垃圾車的作用，可以把每家的垃圾帶走。

血液流經哪個組織與當時的生理狀態有關。除微血管外，血管壁有一層平滑肌，與骨骼肌不同的是，平滑肌的收縮或舒張都是在無意識條件下完成的，所以我們不能自主控制血液流向。這跟消化系統的運動方式相同，胃的蠕動也是由平滑肌收縮引起的，所以餓的時候讓肚子忍住不叫不太可能。血管平滑肌透過舒張或收縮控制血管的直徑，以此調節血流量。例如，在大量運動時，肌肉血流量就會增加；脾臟是一個儲血器官，平時血流量很低，遇到大出血等緊急狀態時，會將血液釋放出來。

　　不同於脊椎動物體內的環線公路，高等植物的道路系統是單向的，是一條從根毛到氣孔的通路。與血管系統的另一差異在於通路形式並不統一。高等植物有一條被稱為維管束的高速公路，維管束本身又包括韌皮部和木質部兩部分，其中韌皮部由活細胞組成，主要運輸有機化合物（organic compound、organic chemical），木質部由死細胞組成，運輸水和礦物質。維管束也不斷分支，形成網狀，葉片中的葉脈就是維管束形成的網。維管束隨根不斷分支，每條側根中都有一根維管束。植物的維管束網絡很密集，但維管束不能連通所有的植物細胞。在相鄰的植物細胞之間還有一種叫原生質絲（plasmodesmata）的結構，能夠連通兩個細胞的細胞質。這種結構非常普遍，以至於一個植物組織所有細胞質都被連接在一起，形成共質體（symplast）。靠共質體連接起來的細胞物質運輸非常緩慢，是一種依靠擴散的運輸。但進入維管束就不同了，木質部中有向上的液流，韌皮部中有向下的液流，所以維管束是物質運輸的高速公路，如圖2-6所示。

　　物質在維管束中的運輸也會受到控制，尤其是有機化合物的運輸。有機化合物在維管束中運輸的形式主要是蔗糖，但多數細胞不能直接吸收蔗糖，因為多數細胞沒有轉運蔗糖的載體。一些細胞有細胞壁蔗糖酶，將蔗糖分解成單醣後吸收。細胞壁蔗糖酶就是細胞從高速公路上卸載蔗糖的關鍵因素。這種酶只在像根、果實、種子這樣不能進行光合作用又需要有

機化合物的器官中出現。長在植物下方的老葉接收到的光照很少，細胞壁蔗糖酶的活性也很低，這樣老葉就會因為長時間不能獲得有機化合物而衰老。

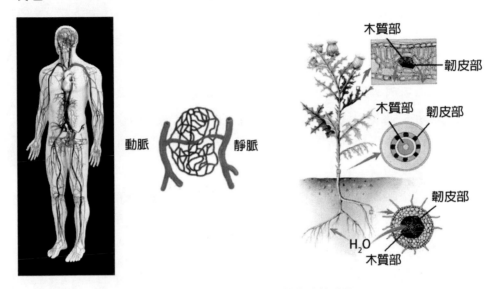

圖 2-6　人體循環系統和植物維管系統

多細胞生命體不是所有的細胞都能與外界環境直接進行物質交換，在有機體內設置一條高速公路是一個很好的策略。

◢ 低熵之源

　　每個細胞都有獲得能量的權利，獲得能量是系統維持低熵的必要條件。每個生命體因此必須具備能量流動的高速公路，所獲得的能量可以惠及所有細胞。植物葉片吸收光能，製造有機化合物儲存能量，透過原生質絲和維管束運輸到其他細胞。食草動物透過進食，大量獲取有機化合物，牠的消化道會將這些物質拆解成小份的有機化合物進入血液，由血液將能源輸送到所有細胞。食肉動物獲取能量的行為本質上與食草動物一樣，只是提供能量的食物是其他動物。這樣看起來，植物、食草動物和食肉動物構成了一條食物鏈，它傳遞的能量來自於葉肉細胞利用光能製造的有機化合物。再用微觀視角觀察這條食物鏈還會發現，捕食打開了原來孤立在生物體內部的能量流動，葉肉細胞固化的能量最終流向了組成生態系統的每一個細胞。

　　在上面討論的食物鏈中，低熵之源就是陽光，葉肉細胞透過光合作用將光能輸入生態系統。光合作用完成了光能轉化為化學能的過程，所以說光合作用是世界上最重要的化學反應一點也不為過。這個反應發生的原理與粒線體中發生的能量轉化如出一轍。在粒線體中發生了 C—H 鍵向 O—H 鍵的轉化，C—H 鍵中的高位能電子在粒線體內膜上流動，被 O_2 接受後形成 O—H 鍵，電子的位能降低的那部分轉化成 ATP 中的能量。在葉綠體中，H_2O 和 CO_2 被轉化成糖，此過程中 O—H 鍵減少，而 C—H 鍵增加，所以分子中總電子位能是增加的，增加的這部分能量也來自於高能電子（high-energy electron），如圖 2-7 所示。在葉綠體中存在一種由生物膜包圍形成的扁平囊泡，稱為類囊體（thylakoid）。類囊體膜上有光合色素，這些色素吸收光能後電子能量升高，形成的高能電子就會在類囊體膜上流動。其中一部分能量用於 ATP 形成，另一部分能量用於 C—H 鍵的形成。這些能量最終轉移到糖類物質中，作為生態系統中最常見的一種提供能源物質的方式，光合作用養活了地球上包括人在內的多數生物。

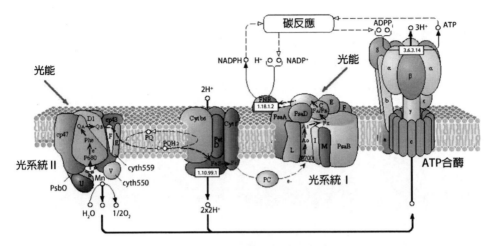

圖 2-7　光合作用中的電子傳遞

　　陽光可謂低熵之源。但是，在距離海平面 2,000 公尺以下的海底，仍然存在著活躍的生態系統。陽光只能穿透十幾公尺的海水，因此深海曾被認為是生命的禁區。然而，1977 年美國「阿爾文號」（Alvin，原名 DSV-2）深潛器潛到了加拉帕戈斯群島的海底，這裡的景象讓科學家大為震驚，在潛水器的聚光燈下，出現大量的管狀蠕蟲和蛤類，甚至還有蝦蟹，儼然一副生機勃勃的景象。這裡的低熵又是誰提供的呢？「阿爾文號」深潛器探測的海域非常特殊，這裡有能夠噴出黑煙的海底熱泉，被稱為「黑煙囪」。這裡地殼薄而溫度高，而周圍海水溫度低，在地殼加熱後形成對流，這樣地殼中的礦產就會被熱泉帶到海水中，因此這片海域富含硫化物，硫化物會失去電子被氧化。失去的電子就能以高能電子形式進入某些生物的電子傳遞鏈。在電子傳遞過程中，電子能量逐漸降低，能量轉化為 ATP 形式，為生命體供能。這片海域中大量的硫細菌完成上述過程，它們是這片海域的低熵之源。

　　其他生物可能以這些細菌作為直接或間接的食物來源，形成一條始於細菌的食物鏈，也有一些生物與這些細菌共生。海底有一種幾公尺長的蠕蟲沒有口，沒有消化道，這意味著這種動物是無法進食的。很難想像體型

這麼大的動物不需要從食物中獲得能量。蠕蟲的一種細胞內有硫細菌，只要蠕蟲吸入富含 H_2S 的海水，這種細胞就能依靠硫細菌製造有機化合物。這些硫細菌就像植物細胞中的葉綠體一樣，為宿主製造有機化合物。H_2S 也就像光合作用中的水一樣，為能量轉化提供高能電子（見圖 2-8）。

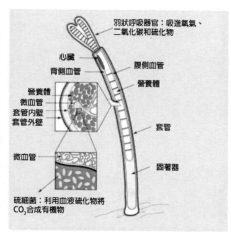

圖 2-8　巨型蠕蟲

　　低熵之源，一個來自太空，一個來自海底，如此不同的兩種能源，生物竟然都能透過電子傳遞鏈完成能量轉化。再聯想到細胞呼吸也能透過電子傳遞轉化能量，三種電子傳遞鏈串聯出一條進化線索。一些科學家指出，海底黑煙囪就是地球生命起源之地，理由就是這種海水的化學性質為電子傳遞鏈的形成提供了天然條件。不需要光合色素，也不需要有機化合物的存在，僅僅依賴地殼一直產生的物質，這種電子傳遞鏈就能製造生命體所需的能量，這甚至提示我們：在宇宙中的一個黑暗角落中，生命正在萌芽。

第三章

系統需要
獲取能源的資訊

能源也是資訊源

「生物獲取能量，維持低熵運行。」這是生命系統的一條公理（axiom）。如果進化歷史可以重演，排在第一位的選擇標準也許就是生命體從外界獲得能量的能力。為了獲得能量，生命體必須能夠收集到能源的資訊，並做出捕獲這些資訊的反應。這種能力是現存所有生命體的生存基礎，可以視為公理的一條推論。

生命的演化起源於單細胞生物，單細胞生物已經具備了自主趨近能源的能力。如圖 3-1 所示，衣藻是一種單細胞藻類。衣藻細胞中有一種葉綠體，能透過光合作用合成有機物。在細胞前端有兩根鞭毛，鞭毛能像船槳一樣划水，讓衣藻向前方（鞭毛生長的方向）運動。衣藻葉綠體中有一個紅色的眼點，定位在生物膜上。眼點中所含的視紫質（rhodopsin）是眼點呈紅色的原因。視紫質也是視網膜的感光物質，是一種由感光色素和蛋白質構成的複合體。靠近光源、捕獲光能是衣藻的生存策略。人們早已觀察到衣藻有趨向光源的運動。如此簡單的生命體是如何完成接收光訊號和向光源運動的呢？

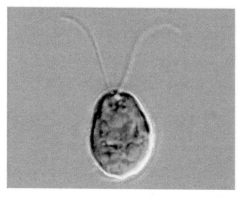
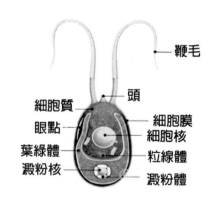

鞭毛
頭
細胞質
眼點
葉綠體
澱粉核
細胞膜
細胞核
粒線體
澱粉體

圖 3-1　衣藻

要弄清這個問題先要理解衣藻眼點和鞭毛的工作原理。衣藻細胞中 Ca^{2+} 濃度很低，只有周圍水環境中萬分之一到百萬分之一，這是因為細胞

膜上存在 Ca^{2+} 主動運輸載體，Ca^{2+} 被載體運輸到細胞外，細胞內外 Ca^{2+} 的濃度差是衣藻調整運動方向的基礎。眼點中的視紫質在光照下會在它所在的生物膜上產生一個電訊號，這個訊號能打開衣藻細胞膜上的 Ca^{2+} 通道，細胞內 Ca^{2+} 濃度瞬間上升，達到 10^{-7}mol/L 甚至更高的濃度，隨後 Ca^{2+} 濃度緩慢下降到 10^{-8}mol/L 甚至更低。眼點感光後細胞中 Ca^{2+} 的濃度變化正是鞭毛運動的依據。組成衣藻的兩根鞭毛的蛋白質略有不同，這導致它們對 Ca^{2+} 反應也不相同，眼點一側的鞭毛被稱為順式鞭毛，另一側的鞭毛被稱為反式鞭毛。在細胞內 Ca^{2+} 濃度為 10^{-8}mol/L 的條件下，兩根鞭毛都正常擺動，衣藻向前運動；Ca^{2+} 的濃度達到 10^{-7}mol/L 時，順式鞭毛去活化，反式鞭毛繼續擺動，衣藻轉向眼點一側；濃度低於 10^{-8}mol/L 時，反式鞭毛去活化，順式鞭毛繼續擺動，衣藻轉向眼點對側，如圖 3-2 所示。

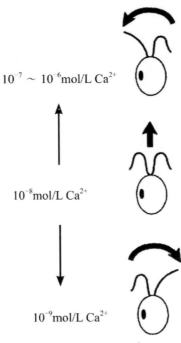

$10^{-7} \sim 10^{-6}$mol/L Ca^{2+}

10^{-8}mol/L Ca^{2+}

10^{-9}mol/L Ca^{2+}

圖 3-2　鞭毛擺動與 Ca^{2+} 濃度

將這些資訊串聯起來，就能釐清衣藻向光運動的原因。當光源在衣藻眼點一側時，眼點感光，細胞內 Ca^{2+} 的濃度升高，此時眼點對側反式鞭毛擺動，這就像划船時調整方向就要划一下對側的槳一樣。在 Ca^{2+} 的濃度恢復後，雙槳同時盪起，衣藻向光源方向運動。如果一直沒有光的刺激，細胞內 Ca^{2+} 的濃度持續下降，衣藻還會揮動另外一支船槳試試，看調整方向後能不能向光源運動。透過這種調節，衣藻能完成趨光運動，為光合作用創造條件。

　　多細胞植物對能量的需求跟衣藻相同，它們捕獲光能的方式是讓葉片接收盡量多的光照。但是植物無法像衣藻那樣自由移動，它們只能調節自身生長的方向，把葉片暴露到光下。如圖 3-3 所示，以植物幼苗為例，幼苗沒有眼點這種感光結構，感受光的物質是幾種蛋白複合體，分布在幼苗最頂端的某些細胞的細胞膜上。不過，這些細胞只是幼苗尋找光的偵察兵，真正決定幼苗生長方向的是下方的細胞。在這個部位，向光一側的細胞生長慢，背光一側的細胞生長快，幼苗就像一張正在縮短弦的弓，彎向光源一側。要完成這種變化，偵察兵的訊號必須傳遞下來，這個傳遞訊號的任務由生長素完成。生長素（auxins）是一種植物激素，能促進植物細胞生長。幼苗感光部位的生長素會向背光一側移動，背光一側生長素濃度高於向光一側。在生長素沿著枝條向下運輸的過程中，背光側生長素濃度高於向光側的狀態保持不變，這就出現了背光一側生長快的現象。

　　植物趨向光源生長的另一個例子發生在種子萌發階段。在接受光照之前，幼苗生長速度很快，形態細長，雙子葉植物的兩片子葉也不會打開，呈現「豆芽菜」的形狀。透過這種快速生長，幼苗快速破土而出才能接收光照。「豆芽菜」與出土後的感光蛋白沒有什麼不同，但產生的效果卻有很大差異。科學家認為「豆芽菜」看到光的那一刻，開始生產全新的蛋白質，這些蛋白質讓「瘋長」停下、子葉打開、葉綠素出現，也讓幼苗感光出現新模式。

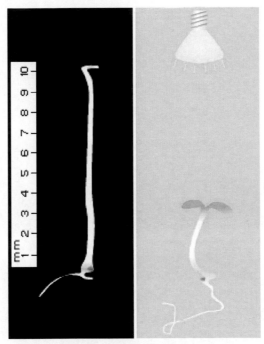

圖 3-3 光照與幼苗生長

從植物感光到激素傳遞訊號再到具體細胞做出反應,這展現了多細胞生物為了適應環境進行的細胞間合作。這種方式比單細胞向光源運動複雜得多,仍有很多問題沒有找到答案。

多數生物都能感受光訊號,利用光能的生物會做出趨向光源的反應,以此增加對光的捕獲,獲取更多能量。為了捕獲能量,動物行為更加複雜。

◢ 「牠」來了，所有細胞做好準備

生物能夠獲取能源的資訊，並做出趨向捕獲能源的反應。動物在這一點上比植物的本領更大。這一部分我們以非洲草原上一隻名叫弗瑞士・亨特的獵豹（見圖 3-4）為例，看動物對能量的反應。

圖 3-4　獵豹

四月的馬賽馬拉，草只能勉強高過膝蓋，一群高角羚（見圖 3-5）正在進食。在飢餓的亨特眼中，這些羚羊無異於會移動的卡路里。高角羚是如何出現在亨特眼中的呢？在眼球壁上有一層感光細胞──視細胞，視細胞和周圍的神經細胞一起構成視網膜。視細胞中的感光物質是視紫質或視藍質，其中視紫質也是衣藻眼點中的感光物質。兩種感光物質都是由色素和蛋白質分子結合形成。色素吸收一個光子後會導致蛋白質空間結構改變，引起細胞內一系列反應，視細胞最終產生一個電訊號。這個電訊號被周圍的神經細胞獲取，然後傳遞到大腦視覺皮層（visual cortex）。視網膜上每個視細胞接收不同強度和顏色的光，這些光在視網膜上形成一個畫面，就像電視螢幕上由一個個像素點組成的圖像一樣。這些資訊進入視覺皮層後再加工整理就是亨特看到的高角羚。

圖 3-5　高角羚

　　亨特俯下身體，躡足接近高角羚，牠呼吸急促，身體不由自主地抖動。在亨特腦中有上百萬億個神經元，這些神經元彼此連接形成複雜網絡。視皮層中的神經元只是其中很小一部分，這部分神經元像觀察員一樣，把外界的情況告訴腦的其他部分。這時候腦的活動非常活躍，海馬迴中儲存著亨特幼年時的記憶，牠從成年獵豹那裡學習到的捕獵技巧正好可以派上用場。在視皮層的引導下，亨特大腦中的運動皮質發出指令，這個指令經過脊髓傳輸到腿部肌肉。肌肉收縮的力量和頻率都由腦決定。腦還能透過交感神經控制腎上腺素的分泌。交感神經是一種控制內臟活動的神經，負責在無意識條件下的有機體調控。在各種緊張狀態下，腎上腺素這種激素在血液中的含量都會增加。腎上腺素在心肌、肝臟、血管壁等結構的細胞表面都有受體，腎上腺素與細胞膜受體結合後，引起標的細胞（target cell）代謝活動變化，心跳、血流隨之加速，血糖濃度上升。這些反應都在為亨特追捕高角羚做準備。亨特就像一臺機器，眼睛是資訊採集系統，將外界訊號送到大腦；大腦是控制系統，負責整合資訊，做出指令；肌肉是動力系統；肝臟是個油箱，儲存的肝糖（glycogen）在這時分解成葡萄糖進入血液，為肌肉收縮提供能量。這些系統配合得天衣無縫，讓這些系統協調工作的是神經和激素這兩種訊號。

當亨特看到高角羚開始奔跑的時候，牠也瞬間啟動，以 100 公里的時速向羚羊衝去。但是亨特距離高角羚太遠了，在經過急速衝刺後，牠放棄了獵物。由於狩獵開始於上風口，牠的氣味早就被羚羊感覺到了。一些屬於獵豹特有的分子會隨風進入羚羊的鼻腔，與鼻腔中嗅細胞膜上的受體結合，嗅細胞和視細胞一樣，透過神經系統把這些分子進入鼻腔的消息告訴大腦，大腦發布了「牠來了，所有細胞做好準備」的指令。在獵豹發動襲擊之前，羚羊就看見了牠，於是在獵豹動作之前做出了行動。

　　亨特走到灌木叢下，喘口氣。衝刺消耗了牠體內大量能量，這些能量最終轉化成了熱，一時間不能完全散失的熱會讓亨特的體溫上升。呼吸量的增大有助於有機體散熱，維持正常體溫，但是更重要的是有助於排出體內的 CO_2。劇烈運動所需的能量來自於細胞呼吸，有機物經過細胞呼吸後產生 CO_2，這種細胞中的燃燒讓血液中 CO_2 濃度急遽升高。位於頸動脈體和主動脈體的化學感受器將受到強烈的刺激，這個刺激產生的訊號被神經送到延髓呼吸中樞，呼吸中樞發出的指令透過神經傳送到肋間肌，提高呼吸運動的頻率。

　　今天，倒楣的亨特要挨餓了。海馬迴中會留下這段記憶，在明天的捕獵中，這段記憶也許就會發揮作用。那時，亨特一定知道，像今天這樣的距離自己是很難追上高角羚的。牠可以更靠近獵物然後發起攻擊，如果獵物提前發現，牠可以提前放棄對獵物的行動。記憶的出現讓動物可以調整對外界刺激產生的反應。

　　動物獲取能源不光需要獲取能源的資訊，還需要更大規模的細胞間合作。細胞間合作的基礎是細胞間的資訊交流。

▲ 細胞中的麥克風

生命體以各種各樣的方式捕獲能量，然後輸送到有機體的每一個細胞。在多數細胞中，能源物質透過氧化分解釋放能量，為細胞新陳代謝供能。在另一些細胞中，這些能源物質被儲存起來，供給另一個時間生命體對能量的需求。植物種子大多含有豐富的營養物質，這些物質可以為種子萌發提供能量。哺乳動物肝臟中儲存著糖，血糖濃度較高時，葡萄糖進入肝細胞合成肝糖，這對應了哺乳動物餓一頓飽一頓的生活狀態。吃飽的時候，血糖濃度升高，這些糖會被儲存起來，等挨餓的時候再釋放出來。

哺乳動物調節血糖的方式不需要意識的參與，是一個全自動的過程。胰腺中有一些細胞團，被稱為胰島（pancreatic islet）。胰島中兩種細胞對血糖調節造成關鍵作用：分泌胰島素（insulin）的胰島 β 細胞和分泌升糖素（glucagon）的胰島 α 細胞。胰島細胞能夠感受血糖濃度，當血糖濃度較高時，胰島素開始分泌，作用於肝臟細胞，肝糖合成量增加，血糖下降；相反，當血糖濃度較低時，升糖素開始分泌，肝糖分解，血糖升高。

這個過程看似簡單，但是要解釋血糖變化的效應卻要解決兩個難題：一是胰島素和升糖素都是蛋白質類激素，無法進入細胞內發揮作用；二是兩種激素含量很低，但對血糖濃度的調節效果卻非常顯著。如何解決這兩個難題呢？答案是兩種激素在細胞膜上的受體具有酶的作用。

如果沒有胰島素，胰島素受體在細胞膜上就毫無存在感，但是與胰島素結合後，胰島素受體的空間結構改變，暴露了原來隱藏的一個催化位點。這個位點讓胰島素受體作為受質（substrate）被催化，結果是一個官能基（functional group）修飾了胰島素受體，胰島素受體作為酶的能力才真正顯露出來。在它的作用下，細胞內的另一個酶被修飾活化，這個酶再活化下一個酶……經過四輪這樣的反應，細胞內肝糖合成酶被活化了，肝糖開始大量合成。升糖素與受體結合後，也能活化升糖素受體酶的活性。

這個酶能夠催化細胞內一個叫 cAMP 的小分子產生。cAMP 可以與細胞中的一種蛋白質結合併導致這種蛋白質分裂成兩部分，其中一部分具有酶的活性。這種分裂好像把一隻猛虎從籠子裡釋放出來一樣，老虎在籠子裡時人畜無害，而 cAMP 是一名拿著鑰匙的飼養員，當 cAMP 打開籠子，酶的活性就被釋放出來。這種酶可以活化下一種酶，再由下一種酶活化肝糖水解酶，肝糖水解，血糖濃度升高，如圖 3-6 所示。

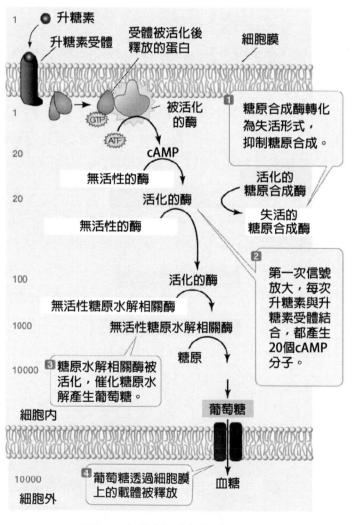

圖 3-6　細胞中訊號在傳遞時被放大

　　雖然兩種激素的受體不同，但是兩種激素的調節方式很相似。受體都是能被它們活化的酶，由這些酶活化下一種酶，然後透過多步酶的活化讓細胞中特定的反應發生。這個過程有什麼意義呢？首先，這種機制讓這兩種激素不進入細胞就能改變細胞內的反應，胰島素和升糖素都不直接作用於與肝糖合成和分解相關的酶，但是透過細胞內化學反應，這兩種化學訊號能夠最終實現其生理效應。其次，結合在每個細胞表面的激素（hormone）分子可能只有幾個，但是這些結合活化的酶可以催化更多酶產生。做一個簡單假設，1 個酶分子催化 10 個酶分子被活化，經過三次這樣的活化過程，最終酶的分子數量達到 1,000 個，這樣就放大了原來的訊號。激素的這種調控方式就像在細胞家門口安裝了一支麥克風，激素並不需要進入細胞中，只要按一個按鈕，訊號就會逐級放大，最終實現調控效果。

　　這種高效的訊號傳遞系統在動物細胞中非常常見，不同細胞甚至利用同一套訊號傳遞系統實現不同功能。視細胞、嗅細胞內的訊號傳遞路徑與升糖素在肝細胞中很相似，接收訊號後都形成 cAMP，再由 cAMP 活化一系列反應。這裡的訊號、受體和細胞最終的反應都不同，但是中間的訊號傳遞過程是一樣的。這就像我們打電話給別人時說的話不一樣，別人的反應也不一樣，但是電話之間資訊的傳遞方式是相同的。

　　透過對訊號物質的接收和細胞內訊號的放大，細胞完成了對訊號物質的反應，這是訊號物質調節生命活動的基礎。

◢ 把訊號抹掉

如果再重新經歷一次 1962 年，也許人類文明就不復存在了。這一年，是美國和蘇聯冷戰的危機年，兩個超級大國差一點爆發毀滅全世界的核子戰爭。事情的起因是蘇聯為了制衡美國，計劃在南美洲的古巴部署導彈。在得知這個情報後，美軍開始海上封鎖，攔截蘇聯所有船隻。當時一艘蘇軍核潛艇正在附近執行任務，被美軍艦隊偵察到後，成為美軍追擊的目標。美軍為了迫使核潛艇上浮開始使用深水炸彈，巨大的爆破聲讓蘇軍核潛艇的指揮官認為美蘇之間已經爆發核子戰爭，而核潛艇的任務就是在核戰爆發後進行核反擊。恰巧蘇聯核潛艇的無線電壞了，無法與外界聯絡。封閉在潛艇中的艦長基於之前的資訊，下達了核攻擊的命令。如果這個命令被執行，接下來就是全面的核子戰爭，不僅限於美蘇，還有他們的盟國。核爆炸產生的灰塵在大氣層中會讓全球氣溫下降，地球進入核冬天，人類歷史將終結。

一個系統必須能及時獲取新資訊，替代舊資訊。在生命體中，資訊以物質的形式存在，資訊物質不存在時間上的順序。新資訊物質雖然可以帶來新資訊，但是，舊的資訊物質只要還存在，舊資訊也就還在，所以生命體要不停地「抹掉」資訊物質。

作為一種訊號物質，身體中的激素一直都在衰減。例如，腎上腺素作用後會被神經細胞攝取，胰島素和升糖素在血液流經肝臟後被滅損。所以，只要沒有新的激素產生，體內激素就會減少。同時，由於激素和受體的結合是可逆的，激素在血液中的濃度直接決定激素與受體結合的機率，這樣激素的作用效果就取決於新產生激素的量，身體只要根據環境刺激調節激素的分泌，就能產生合適的反應。

身體中的另一種訊號是神經訊號。神經訊號又有兩種形式，一種是在神經細胞上傳導的電訊號，另一種是在神經細胞之間傳遞資訊的化學

訊號。其中的化學訊號物質被稱為神經傳導物質（neurotransmitter），這種化學物質也必須被抹去（見圖 3-7）。與激素訊號不同的是，神經傳遞訊號迅速而短暫，這就要求神經傳導物質存在的時間比激素更短。試想一下，如果有前後兩個間隔時間很短的刺激，這兩個刺激由我們分辨，那麼神經傳導物質的存在時間必須短於這兩個刺激之間間隔的時間，否則我們就會認為那是同一個刺激。人耳分辨兩個聲音的最小時間間隔只有幾十毫秒，傳遞聽覺資訊的神經傳導物質的存在時間必然小於這個值。神經傳導物質這種「閱後即焚」的性質，保證了神經訊號的即時性。神經傳導物質包括很多種化學物質，去活性的方式不盡相同。有些被神經元之間的酶分解，有些被神經元回收。如果神經傳導物質沒有及時「焚燬」，就會引起抑鬱、狂躁等嚴重精神疾病。

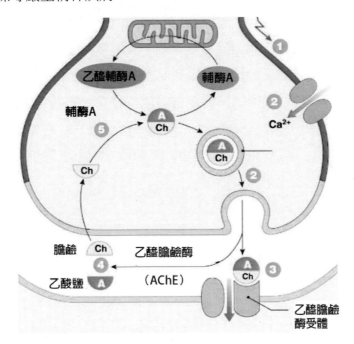

圖 3-7　神經傳導物質被清除

激素和神經遞質都屬於細胞間的訊號物質，它們的作用透過「被帶走」或「被降解」的方式消除。消除細胞內的訊號物質的方式也是類似的。Ca^{2+} 是細胞內重要的訊號物質，這種離子常與蛋白質結合，以此激活蛋白質的某些功能，如肌肉收縮就是 Ca^{2+} 直接參與調控的。Ca^{2+} 在胞質溶膠（cytosol）中濃度很低，而在細胞外和內質網內質網 (endoplasmic reticulum, ER) 中濃度很高，原因還是膜上存在馬克士威惡魔。這種妖努力工作，讓 Ca^{2+} 一直處於「被帶走」的狀態。細胞內訊號傳遞經常透過酶促反應方式完成，這些酶的活性是可控的，透過增加一個官能基，酶的活性就會獲得或消失。它們像是一些奇怪的開關一樣，細胞中有些開的力量，也有些關的力量。細胞外訊號會調整這兩種力量，結果是活性酶和無活性酶比例出現變化，以及由此導致的細胞中這種酶總活性的變化。這種酶的總活性就像旋鈕一樣，調節著細胞內訊號的強弱。細胞有時候乾脆把這個酶完全去除，就像我們不僅把檯燈的旋鈕轉到最小，還「啪」的一聲把它關了。要做到這麼決絕也並不容易，因為細胞內除了這種酶還有很多蛋白質，要在降解這種酶的同時保留其他蛋白質。細胞的做法是把需要降解的蛋白質加上一連串叫做泛素（ubiquitin）的蛋白，這串蛋白就像違章建築牆上的「拆」字，細胞中的蛋白酶會專門降解這樣的分子，如圖 3-8 所示。

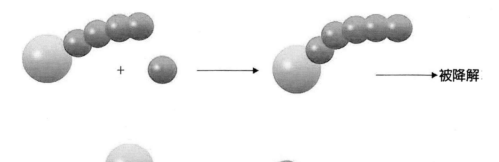

圖 3-8　細胞內清除蛋白質的泛素降解途徑

　　無法接收新資訊將是致命的，就像蘇聯核潛艇一樣。不過，在蘇聯核潛艇即將發射核彈的一刻，副艦長阿爾希波夫（Vasili Alexandrovich Arkhipov）（見圖3-9）努力阻止了艦長按下那個按鈕。這個今天看來拯救了人類的舉動，在當時的核潛艇中是不合情理的，按照既定程式，核潛艇應該發射核彈。細胞像核潛艇一樣，外界刺激透過改變細胞內訊號的強弱，讓細胞產生有規律的反應。但是細胞中會不會有阿爾希波夫這樣反常力量占據上風的情況呢？有，這種情況可能不好，也可能就是奇思妙想的來源，像阿爾希波夫一樣能改變我們的世界。

圖 3-9　阿爾希波夫和他所在的核潛艇

第四章

回饋調節與系統穩態

◢ 游泳池的管理員

1957 年，美國醫生佛雷德里克・克羅斯比・巴特（Frederic Crosby Bartter）發現一名肺癌患者持續出現低鈉血症、低血漿滲透壓、尿量極少的症狀。後來，他發現其他一些肺癌和肺部感染患者也會出現類似症狀。出現這些症狀的原因是什麼呢？在與其他研究者合作的研究中巴特逐漸意識到，出現類似症狀的患者體內抗利尿激素水準顯著高於其他人，這種由於抗利尿激素異常升高引起的疾病被稱為巴特氏症候群（Bartter syndrome）。正常情況下，抗利尿激素（vasopressin）是由下視丘（腦的一部分）的神經細胞分泌的，中樞神經系統疾病會導致抗利尿激素增加，病變時的肺組織也會分泌抗利尿激素，這些情況下人體都會出現巴特氏症候群的症狀。

要解釋巴特氏症候群的症狀首先要清楚抗利尿激素的功能。抗利尿激素能將水留在體內，過多的抗利尿激素導致尿量減少，但不影響鈉離子離開有機體，這就導致血鈉離子濃度降低，血鈉離子濃度降低又導致血漿滲透壓降低。

在正常有機體中，抗利尿激素在身體缺水時含量增加，讓腎臟產生的尿液量減少。相反，當體內水量較多時，抗利尿激素分泌減少，尿液量增多。如果把人體想像成游泳池，這個過程就非常容易理解，游泳池既有進水口，也有出水口，游泳池水少的時候我們就把出水口關小些，進水口開大些。腎臟就是人體的出水口，產生的尿液儲存在膀胱中，這部分液體已經不能再回到血液中，所以可以看成離開人體的液體。抗利尿激素就是出水口開關，它的增加意味著人體的出水口會被關小。體內水減少時，訊號會被傳送到大腦，大腦指揮身體去喝水，這是在加大進水量。如果水喝多了，調節會反過來進行，即抗利尿激素分泌減少，尿量增加。水多時促進有機體向水少的方向變化，水少時促進有機體向水多的方向變化，

這讓正常人體的水分一直處於動態平衡中，這種調節方式被稱為負回饋（negative feedback）調節，如圖 4-1 所示。

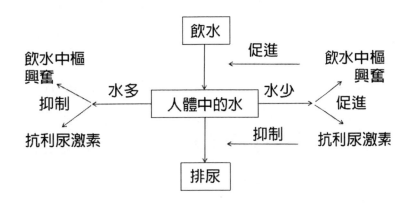

圖 4-1　人體內水的負回饋調節

　　負回饋調節是生命體賴以生存的調節模式，生命體為了維持低熵值需要不斷從外界攝取能量，因此生命體中的物質是不斷變化的。而物質濃度的劇烈變化會帶來生命體穩定性的降低，生命體需要不斷調整以適應這種變化。調整的方式就是負回饋，正如抗利尿激素調節有機體中水的作用，負回饋能夠平衡有機體中各種物質的相對含量，讓這些物質的濃度在某個數值上下波動。有機體中就像有無數名游泳池的管理員，他們控制著物質進出有機體，讓游泳池中的水量保持不變。

　　這種調節機制非常古老，最原始的原核生物就已經具有。大腸桿菌細胞能夠合成色胺酸，但是過程複雜，需要消耗細胞大量資源，所以大腸桿菌合成色胺酸的原則是夠用就行。因此，雖然人腸桿菌有一整條色胺酸生產線，但是色胺酸的生產受到了嚴格控制。色胺酸生產線由 5 種不同的酶組成，它們就像流水線上的 5 臺機器一樣，依次將原料轉化為色胺酸。其中第一臺機器就會受到色胺酸，也就是最終產物的抑制，色胺酸能透過與第一種酶結合改變其空間結構，變構後的酶不再具有催化能力，整條流水線的工作便停止下來。也就是說，產品多了生產會受到抑制，等產品消

耗掉，生產才能恢復。這只是對生產環節的控制，大腸桿菌對生產機器的環節也是嚴格控制的。色胺酸代謝所需的 5 種酶是由一個基因編碼的，這個基因轉錄出的一條 mRNA 翻譯形成 5 種蛋白質。色胺酸的濃度較大時這個基因是不轉錄的，原因是細胞中存在一種特異性阻止這個基因轉錄的阻遏蛋白，但這種蛋白只有與色胺酸結合後才有阻遏的能力。很低濃度的色胺酸就能阻遏基因的表達，可見大腸桿菌對生產機器的管理是非常嚴格的。

在一個生命系統內部，無論從外界攝入物質還是自身合成物質，都會受到負回饋調節的限制，這種調節方式讓系統內保持微妙的平衡。

◤ 馬爾薩斯陷阱

1798 年，托馬斯‧羅伯特‧馬爾薩斯（Thomas Robert Malthus）（見圖 4-2）在他的《人口論》中預言：「人口成長超越食物供應，會導致人均占有食物的減少，最弱者就會因此而餓死。」馬爾薩斯根據簡單的數學模型推斷出他的理論，那就是只要每一代的人口都比上一代人口多，那麼人口數量會不斷增加，而土地資源是有限的，這就導致食物生產量有限，最終食物的缺乏自然會導致弱者餓死的悲劇。

時間過去兩百多年，世界人口已經由 10 億成長到 79 億，馬爾薩斯預言的情景卻沒有出現。他看似合理的理論出現了什麼問題呢？問題出在兩個方面：第一，生產效率迅速提高，現代化技術的使用使土地生產能力大幅度提高；第二，更多人口進入城市。第一個原因破壞了馬爾薩斯理論的假設，讓食物資源不再是人口增加的制約因素，這讓兩百多年中人口持續成長。第二個原因讓住

圖 4-2　馬爾薩斯

房、教育和醫療等有限的城市資源變得更加稀缺，導致生活成本上漲，降低了人的生育意願，這是阻礙人口繼續成長的因素。由於限制因素從食物變成了空間和其他資源，因此也不是由於人被餓死導致人口成長停滯。

但是，如果回到馬爾薩斯思想的底層邏輯：有限的資源會抑制人口成長這一點確實止確。從西元 1960 至 1975 年的 15 年，世界人口從 30 億成長到 40 億，世界人口突破 50 億是在 1987 年，只用了 12 年時間，按照這個趨勢，人口再成長 10 億的時間應少於 12 年，但是人口達到 60 億和 70 億的時間分別是 1999 年和 2011 年，之間的間隔恰好都是 12 年。這說明人口已經從加速成長轉變為等速成長。人口成長的阻力已經出現，

並且正在增加。這個阻力並不是食物資源，而是城市中有限的住房、醫療和教育條件。這些條件本身也是在增加的，但是增加速度比人需求的增速小。正是人口數量的增加降低了人口增加的速度，所以人口成長問題也是一個負回饋調節。

不僅人口成長是這樣，生態系統中所有生物的數量的成長幾乎都受到負回饋調節的控制。其中的邏輯與人口數量成長相似。以草場上的羊群為例，當草量充足時，羊的數量增加，食用過多的草，一片草場上每年新生草量是有限的，當草被過度消耗時，第二年草的生長量就會減少，這導致羊的食物減少。但是其中除了食物還有天敵的因素，羊是狼的食物，羊數量的增加為狼提供了更多食物，狼的數量因此增加，這又構成了第二個抑制羊數量成長的因素。由於食物和天敵兩種因素共同存在，羊的數量成長受到負回饋調節。

這個負回饋模型被人類活動檢測了一次。1872 年，美國黃石國家公園正式被命名，其中的野生動物受到保護，但是受保護動物中並不包括灰狼。不但如此，灰狼還被當作害獸被護林員獵殺。1926 年，灰狼在黃石公園絕跡。在這之後，公園中麋鹿的數量先是大幅增加，導致公園內植被大量減少，柳樹被啃食，一些地方甚至出現了水土流失。麋鹿的數量也在食物資源過度消耗的條件下開始減少。從 1995 年起，31 隻灰狼分兩次被重新引入黃石公園。充足的食物資源讓這些灰狼感覺進了天堂（見圖 4-3），狼群數量很快達到 100 隻，麋鹿數量下降，植被逐漸開始恢復。捕食者和食物資源都是麋鹿族群數量的限制因素，兩者都能透過負回饋調節族群數量。

圖 4-3　黃石公園的鹿和狼

　　在人類進化歷史中，天敵也曾是制約人口數量成長的因素，也許我們的祖先在山洞中圍著火堆過夜時，人類才逐漸擺脫被捕食者的地位。食物也曾是制約人口數量成長的因素，中國古代每次農民起義的原因大多也與糧食不足以供養逐漸成長的人口有關。城市和商業興起後，人口密度隨之增加，人口流動性隨之增強，這為傳染病的傳播提供了條件，所以傳染病也曾成為制約人口數量成長的一個因素。不過正如大家看到的，由於技術的進步，人類戰勝了天敵，獲得了充足的食物，攻克了多種疾病，技術打破了人口成長的一個又一個限制因素，這才是人口不同於其他生物成長方式的根本原因。

◢ 缺席的管理者

在上一部分內容中我們看到，食肉動物能夠限制食草動物的數量，這種限制讓食草動物不至於把所有植物全部吃光，這對整個生態系統正常運轉至關重要，所以我們可以把食肉動物比喻成管理者。一個簡單的邏輯是：管理者缺席後，被管理者數量爆發式增加，生態遭到破壞。但是，生態系統中並不是只有簡單的幾種生物，而是由很多生物相互關聯構成了網絡。

1963 年，美國科學家羅伯特・潘恩（Robert Paine）沿太平洋進行野外考察，當來到一個叫瑪卡灣（Mukkaw Bay）的地方時，他發現這是一個進行生態學實驗的好地方，因為這片海灣相對獨立，幾乎沒有人類活動的直接干擾，海灘潮間帶有幾塊巨大的礁石，受到潮汐的影響，這些礁石有時沒入海水中，有時則會露出海面，所以這些礁石上有興盛的族群，如綠色的海葵、紫色的海膽、粉色的海藻、亮紅色的太平洋海星，還有海綿、帽貝和石鱉。在岩石的表面，退潮時會露出由小的橡子藤壺和大的鵝頸藤壺（見圖 4-4）組成的條狀帶，黑色叢狀的加州貽貝，以及一些名為赭色海星的、超乎想像的巨型紫色或是橘黃色的海星。

圖 4-4　礁石上的藤壺

這些礁石上的管理者是海星，潘恩根據海星胃中的殘留物發現，海星捕食這塊礁石上所有的動物，對藤壺的捕食量最大，但是藤壺的體型很小，不是海星主要的能量來源，海星的主食是蚌和石鱉這些附著在岩石上的更大型的動物。然後潘恩開始了在當時看來很有創造性的實驗，他將一塊礁石上所有海星捉下來，扔進深海裡。實驗開展 3 個月以後，這塊礁石上的生態系統發生了顯著的變化。橡子藤壺占據了礁石上 60% 以上的空間。一年以後，橡子藤壺的優勢地位被繁殖更快的鵝頸藤壺所替代。同是作為被捕食者的海葵和海綿的數量也大量減少。4 種藻類、2 種蝸牛和 2 種石鱉完全消失，礁石上群落豐度由 15 種減少到 8 種。這塊礁石被藤壺覆蓋，看起來毫無生氣，而作為對照組的其他礁石延續著往日的繁榮。海星離開礁石之前，繁殖速度不是占領礁石的最大優勢，因為繁殖速度越快、數量越多的動物，被海星吃掉的機會也就越大，海星的捕食為其他動植物在礁石上的附著清理了空間。從這個例子不難看出，管理者的缺席不但會導致生產者數量減少，而且導致整個生態網絡的被捕食者競爭力量發生改變。

在黃石公園的灰狼與麋鹿的故事中，灰狼也有相似的作用。黃石公園灰狼消失後，麋鹿族群的迅速擴大不止導致了植被資源的破壞，同時引起了當地另一個物種—河狸數量的減少。河狸是一種生活在水邊的囓齒類動物。這種動物水性很好，善於潛水和游泳。為了躲避陸地大小食肉動物，牠們挖掘地下通道做窩，窩的開口在水面以下。河狸還是伐木高手，能透過啃咬放倒碗口粗細的大樹，啃倒的大樹被河狸用於建造堤壩，如圖 4-5 所示。在樹木的阻擋下，河水流速降低，形成一個相對靜止的湖面。湖面的水面升高，河狸窩的開口就可以保持在水面以下。麋鹿數量增加後，河岸邊的柳樹也成了麋鹿的食物。河狸建築堤壩的材料匱乏，這讓河狸只能離開原來的棲息地。沒有了河狸的水壩和水庫，河水流速加快，帶走很多泥土，水土流失進一步限制了植物生長。

生態系統的高級捕食者在童話中常常是反面角色的代表，包括壞狼、惡虎和狡猾的狐狸。這代表了人類在和自然界中對這些生態系統管理者的態度。人類也是食肉動物中的一員，所以管理者也是人類的競爭者，一不小心還可能成為管理者的食物，所以人類對這些管理者有本能的憎恨。但是若從外部視角觀察，我們會發現管理者在生態系統中的作用非常重要。管理者能直接控制被捕食者的數量，而缺少管理者後被捕食者是不會主動控制數量的。一旦某個物種進入「無限增殖」模式，這個物種所需的資源會被迅速消耗，生態系統進入「一家獨大」模式後，也會變得更加脆弱。

圖 4-5　河貍和牠建築的堤壩

◤ 正回饋 —— 生與死

本章前面的內容主要討論的是負回饋調節的作用。負回饋調節就是一個過程的結果會反過來阻礙這個過程發生的調節方式。這種方式讓整個過程相對穩定的進行，為系統平穩運行創造了條件。還有一種相反的調節方式，結果會促進過程的發生，即正回饋調節。正回饋調節的效應是放大訊號。

正回饋在生活中也很常見。將兩部手機相互靠近，用一部打電話給另一部，接通後都打開免持聽筒，這時一部手機的聲音被另一部手機接收，透過揚聲器放大，這個聲音再被第一部手機接收，再被放大，幾輪下來就會出現強烈刺耳的噪音。兩個人吵架時聲音會越來越大是同樣的道理。

在生物系統中，正回饋調節的是關乎生死的重要事件。真核生物的有絲分裂（mitosis）（見圖 4-6）是否發生非常重要。該發生有絲分裂而不發生時，組織、器官無法形成，個體無法發育；相反，不該發生有絲分裂時卻發生了，就有形成腫瘤的風險。在成熟動物體中，只有少部分幹細胞保有持續分裂的能力，有絲分裂是受到嚴格控制的事件。有絲分裂的發生依賴一種叫 PMF 的蛋白質複合體，它是一種激酶，能透過活化其他酶起作用。核膜崩解、染色質凝集、紡錘體出現都直接或間接與 PMF 有關。細胞要控制有絲分裂，就要嚴格控制 PMF，細胞中有很多蛋白質抑制 PMF 的活性，但同時也有一些促進 PMF 活化的蛋白質。一個細胞能不能分裂需要促進和抑制 PMF 的兩個陣營投票才能決定，細胞內部和外部的各種資訊可以左右投票的結果。不過你會發現，即使投票結果是 PMF 活化一方勝出，細胞分裂的阻力依然很大，那細胞會不會拖泥帶水地進行有絲分裂呢？多慮了，只要投票結果是活化一方勝出，一個叫 cdc25 的傢伙就會站出來，它是細胞分裂的堅定擁護者，通常被當作狂熱分子受到抑制，但只要活化進程開始，cdc25 就會被活化，由它活化 PMF，PMF 再進一步活

化 cdc25，同時讓那些抑制性蛋白去活化。PMF 和 cdc25 的相互活化就是一種正回饋，這種正回饋讓細胞迅速走上分裂的路徑（見圖 4-7 左）。這樣一個細胞就只能處在活化或抑制兩種可能的分裂狀態，不會像其他生理過程一樣游移不定。

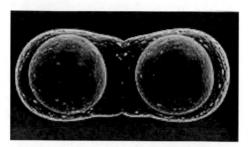

圖 4-6　正在分裂的動物細胞

另一個生死攸關的正回饋發生在雌性哺乳動物分娩幼崽的過程中。哺乳動物透過精心孕育和照顧後代幼崽獲得競爭優勢，雌性動物分娩過程充滿艱辛，尤其是人類胎兒頭非常大，這就讓分娩變得非常困難。在分娩之前，胎兒生活在羊水裡，羊水被羊膜包裹，位於母親的子宮中。胎兒在羊水中被保護得很好，羊水能緩衝外界壓力，無菌、恆溫，而且胎兒和母親透過臍帶和胎盤連接，母親與胎兒血液相通，胎兒從母體獲得營養和氧氣。但是在胎兒的頭大到不能離開子宮之前，他就不得不離開這個世界上最安全的地方了。離開子宮之前，羊膜要先破裂，胎盤也要和子宮剝離。分娩過程必須迅速完成，否則胎兒會因為缺氧而失去生命，這可能是人一生中最凶險的時刻，而且這時候的人也幾乎沒有能力透過自己的努力改變命運，決定生與死的是母親的子宮。高頻和有力的子宮收縮等於生，相反就是悲劇。子宮收縮受母親下視丘產生的催產素的控制，催產素可以增強子宮的平滑肌（肌肉的一種）收縮，為胎兒離開子宮提供動力。子宮收縮時，子宮壁上的壓力感受器會興奮，透過神經通路，這個訊號被送到下視丘，下視丘產生更多的催產素（見圖 4-7 右）。在這個正回饋循環中，催產素在體內的含量會迅速提升到分娩啟動前的 50 倍以上，讓子宮平滑肌

產生強大的動力。現代醫學有時透過注射催產素加快分娩進程，但是有時這種方法是無效的。子宮平滑肌對催產素不敏感很正常。在懷孕最初的階段，催產素在體內含量較低，即使這樣，如果催產素促進平滑肌收縮引起正回饋，那麼催產素含量也會很快升高，這顯然會導致早產。有機體解決這個問題的方法是在懷孕早期子宮平滑肌沒有為催產素準備受體，換句話說就是催產素說什麼平滑肌都聽不到，只有到胎兒成熟到可以分娩的狀態，子宮平滑肌出現催產素受體時才開始對催產素有反應，分娩過程開始啟動。

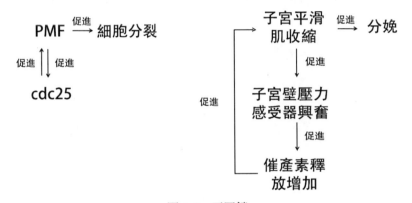

圖 4-7　正回饋

在生與死的抉擇中，正回饋的機制非常重要。這種方法讓訊號迅速放大，系統快速完成生理過程。

第五章

系統的演化

◤ 地球系統演化史

「是人改變環境，還是環境改變人」是一個哲學命題，本部分這個命題將被進一步擴大為「是生物改造了環境，還是環境改造了生物」。為了釐清這個問題，生命出現後的幾個時間節點被選擇出來。

第一個時間節點：能自我複製的系統出現。能夠自我複製的系統不一定是生命，它們可能沒有現代生命體的形式，物質組成也截然不同。但是有一點可以肯定，就是當一個系統可以利用環境中的物質進行自我複製時，這個系統就會獲得「優勢」。相對於周圍環境，這個系統一定可以同化周圍物質，這種複製的結果是系統在數量上不斷增長，在質量上不斷提高。現代生物都是能複製的系統，最初的可複製系統未必與現代生物相同，但有一點應該是一致的，它們都需要從外界吸收能量。系統複製導致數量增加，這是一種熵減效應，熵減需要從外界吸收能量。一些科學家認為，生命起源於海底熱泉口，就是因為在這裡生命系統具有穩定的能量來源，但遠離能量來源的系統如何獲得能量呢？

第二個時間節點：光合作用出現。光合作用能從日光中獲取能量，能進行光合作用的生物可以穩定地獲取能量。這讓生命可以不再侷限於黑暗的角落，光明成了最重要的生命條件。原始光合作用不一定產生 O_2，現在也有很多類型的厭氧型光合細菌，它們與植物和藍藻的不同點是以 H_2S、NH_3 或有機物代替 H_2O 作為供氫體。這些細菌也許是當時光合生物的主流。與其他光合作用相比，產生 O_2 的光合作用至少有兩個優勢：一是水普遍存在於自然界中，供氫體隨處可得；二是產生的 O_2 具有很強的氧化能力，是當時多數生物的抑制劑。這兩種優勢讓藍藻這種生物爆發，結果是地球大氣層中的 O_2 濃度飆升。O_2 濃度的升高讓多數厭氧生物滅絕，但是，新的生命形式出現了有氧呼吸的方式，這讓生物獲得的能量能夠被更高效地利用。另外，臭氧開始在大氣層中出現，臭氧層吸收陽光中的紫外

線，陸地地面紫外線強度開始降低。

　　第三個時間節點：生物登陸。臭氧層出現前，生物登陸是不可能的。那時的陸地是真正的處女地，不過景象與美洲殖民者所說的大相逕庭。沒有青翠的森林，沒有廣袤的草原，沒有適宜耕種的土地，有的只是堅硬的岩石或者荒蕪的沙漠，所以即使臭氧層出現，陸地仍然不是一個良好的生活環境。但也許生物就是一種勇於探索、不安於自己原有生活環境的存在形式。堅硬的岩石就是它們登陸的第一站。最初登陸的生物是地衣，一種藻、菌共生的生物，如圖 5-1 所示。藻類能進行光合作用，製造有機物；菌能分泌有機酸，分解岩石，為藻類提供礦質元素。這種配合讓地衣不但能附著在岩石上，還能把岩石慢慢「吃」掉。岩石逐漸變成土壤，然後又出現了陸生植物、陸生動物，這才是我們熟悉的世界。這個世界有充足的光照和氧氣，無論光合作用還是有氧呼吸都進行得更加充分。充足的能量供給讓生命這棵大樹枝繁葉茂，在競爭中不斷有新的智慧產生，其中最高的形式就是人類文明。

圖 5-1　地衣及其結構

　　第四個時間節點：人類文明。人類以一個物種的力量征服了地球陸地，透過熟練地使用工具，人在與其他物種的競爭中占據絕對優勢。原始人以獵人的身分遊歷了各個大洲，引起各種原住大型動物滅絕。後來的人類開始以農、牧業為食物基礎，地球上出現了大面積農田和牧場，這引起

了其他物種棲息地縮小，導致更大規模的物種滅絕。工業時代，隨著大量化石燃料的使用，大氣層中 CO_2 濃度升高，引起地球氣溫升高。人類發明的塑料不能被自然界中的微生物降解，這種物質在自然界中會不斷積累。人類只是地球上的一個物種，對地球的改造也許不如前三個階段的關鍵物種，但是人類利用能量的手段上了一個新台階。也許地球上的生命體已經可以利用人類已知的各種能源形式，但只有人類可以利用所有的能源形式，其中包括熱能這種很難被生物利用的能量。

在地球演化的任何一個階段，都有新的具統治力的生命形式出現。相比於同時代其他生物，它們具有更強的獲取能量的能力，這讓它們在競爭中勝出。同時，由於它們的興盛，地球的環境也在發生變化（見圖5-2）。

圖 5-2　人類文明對地球環境的改變

回到我們最初提到的問題：生物和它所處的環境是彼此糾纏而又完全獨立的兩條線，相互影響讓它們糾纏在一起共同推動地球這個生命系統的演化。

◢ 分工

在《國富論》中，亞當・史密斯（Adam Smith）（見圖 5-3）曾論述「分工是國民財富增進的源泉」，其中的原理是分工透過提高生產效率，增加物資產量。在社會這個系統中分工提高效率，在生命系統中這個結論一樣成立。一個生命系統的演化過程中也出現各部分分工逐漸明顯的現象。

人這個系統演化的起點是受精卵，經過細胞分裂，這個系統會成為一個由 40 萬億～ 60 萬億個細胞形成的系統。這個成就堪比一個人努力打拚，打造出一家跨國大公司。個體的結構也跟大公司類似，公司由不同的人組成部門，部門之間相互配合完成複雜的工作。人體的細胞也是先構成組織，各組織之間彼此配合完成生理功能。不同於公司的

圖 5-3　亞當・史密斯

是，組成公司的人只是職責不同，本身沒有太大差異，相互替換也不是沒有可能，但組成人體的細胞卻非常不同。舉例來說，肌肉細胞和紅血球就有很大的不同。肌肉細胞是長梭形的，可以收縮。紅血球是圓餅形的。肌肉要完成收縮的功能，長梭形最為合適，圓餅性的紅血球在血管裡的透過性最好。這兩種細胞絕對沒有彼此替代的可能。

這個事實我們很容易接受，但是兩種細胞都來源於受精卵，同是受精卵分裂產生的細胞，為什麼形態和功能上會有差異呢？以紅血球為例，紅血球產生於紅血球前驅細胞（erythroid progenitor cell），這種細胞能夠進行分裂，產生的兩個細胞中一個仍然是紅血球前驅細胞，另一個會發生一系列的變化，分化形成紅血球，如圖 5-4 所示。這個過程中紅血球前驅

細胞和紅血球是兩種截然不同的細胞，前者能夠分裂但沒有具體功能，後者執行特殊任務但沒有分裂能力。前者被稱為幹細胞，幹細胞數量非常少，只占細胞總數的萬分之一，但是所有細胞都是由幹細胞分裂分化而來。紅血球前驅細胞是幹細胞最低的一級，這一級只能分化形成一種細胞。再向上一層是髓樣幹細胞（myeloid stem cell），再往上是造血幹細胞（hematopoietic stem cells, HSCs）。幹細胞每上一個層級都能形成更多類型的細胞，到造血幹細胞這個層級就是所有血細胞的源頭，如圖 5-5 所示。除了紅血球外，血液中還有很多與免疫相關的細胞都來源於造血幹細胞。每一個層級的幹細胞都能透過這種保留一個、分化一個的方式，讓細胞逐漸趨向專業化，同時保持形成專業化細胞的能力。要是把個體比喻成一支軍隊，幹細胞就是不同軍階的軍官。幹細胞層級越高，等於軍階越高；管理的士兵越多，等於分化成的細胞越多。這樣一層一層地推演，軍階最高的細胞就是受精卵

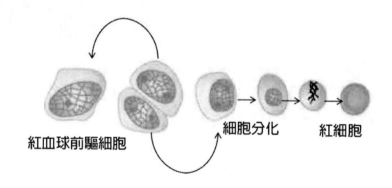

圖 5-4　紅血球的形成過程

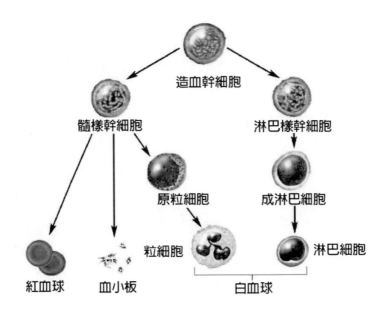

圖 5-5　幹細胞的分級

　　但是與一般的幹細胞相比，受精卵又有很大不同。如果按照剛才的推演，我們身體裡應該還保留有受精卵，這個細胞應該還有形成一支軍隊的能力。但事實上我們不必擔心這種超級幹細胞發生兵變，因為受精卵級別的幹細胞在進行第三或第四次分裂時就會消失。同卵雙胞胎是受精卵進行一次分裂後形成兩個細胞獨立形成個體，同卵四胞胎是兩次分裂後形成的。再往後，受精卵就無法再獨立形成個體了，因為它們都已分化。受精卵分化形成胚胎幹細胞，這種細胞也很屬害，能分化出所有類型的人體細胞，但這種細胞也只在胚胎早期存在。既然兩類級別最高的細胞在身體中不存在，那麼我們就不必擔心細胞兵變的風險了吧？不行，因為低級軍官或者士兵的兵變也很嚴重。幹細胞的分裂和分化會受到嚴格控制，但有時細胞內控制系統失靈，已經分化為有具體功能的細胞也有可能返回到能進行分裂的狀態。這種情況下，細胞會大量增殖，結果就是引發癌症。

　　以人為代表的多細胞系統，透過細胞分裂和分化，逐漸形成分工明

確、默會式合作（tacit cooperation）的高效整體。單細胞生命體細胞內部各種細胞器（organelle）之間也能分工合作，完成複雜的功能。

在生態系統中，不同生物完成不同的功能，這也可以看成一種分工。植物透過光合作用固定有機物，動物直接或間接以植物為食，並將攜帶植物種子，幫助植物遷徙。微生物分解有機物，將 C、P、N 等元素歸還給無機環境，為新生植物生長創造條件。

若說這算分工合作完成複雜任務好像有些牽強，完成的任務究竟是什麼呢？在人類的眼裡這真的不算任務，但是從所有生物共同祖先的角度，這個任務太了不起了。它的後代透過分工合作，將它這種生命形式無限放大，擴展到地球的每一個角落，甚至未來可能被人類帶到地球以外形成新的生態系統。透過彼此合作增加生物數量，擴展生存空間，這也許就是整個生命系統的偉大任務。

◤ 資訊安排

安排工作和被安排工作是系統中人的常態。在生命這個系統中，每一個細胞的命運也是如此。受精卵分裂形成的幾百億子細胞，每個細胞都在資訊的指引下獲得特定的功能。這些安排細胞命運的資訊是什麼？它們又是如何為細胞安排工作的呢？

人一生中細胞分裂和分化最劇烈的時期就是胚胎期，一個受精卵發展成具有上萬億個、將近千種類型細胞的集合。每個幹細胞分裂後，它的兩個「兒子」繼承了與它完全相同的遺傳資訊，但是命運可能完全不同，這很可能與這對雙胞胎所在的位置有關。在受精卵分裂形成 8 個細胞後，每個細胞都會出現不對稱性。這就好像一個皮球，裡面有一些沙子，從外面看這個球很圓，但這個球裡有沙子的一側更容易靠近地面。這個比喻不太恰當，因為這個不對稱性不是由於地球重力決定的，也並未改變細胞的重心。真正像沙子一樣分布不均的是幾種資訊物質，它們有些聚集在細胞一端，有些聚集在另一端。這種細胞兩端物質分布不均的現象被稱為細胞極性（cell polarity）。具有極性的細胞分裂後就會形成兩個不同的細胞，雖然看上去完全一樣，但是命運卻不同。胚胎 8 細胞階段要進行受精卵的第四次分裂，分裂本身伴隨著第一次細胞分化過程。不要小看這次分化，其中一種細胞已經注定不會參與新生命的建構。細胞繼續分裂達到 100 個細胞時，會由於外側細胞分裂快而內部細胞分裂慢形成一個中空的泡狀胚胎，這個胚胎包括外面的滋養層（trophoblast）和裡面的內細胞團（inner cell mass, ICM）兩部分。這兩部分細胞就來自於第一次分化形成的兩種細胞。滋養層最終形成胎盤，內細胞團最終形成胎兒，滋養層細胞無緣進入新個體，如圖 5-6 所示。

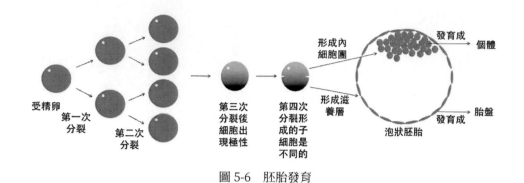

圖 5-6　胚胎發育

　　一個細胞在胚胎期被決定的命運對它存在的時間影響巨大。胎盤中的細胞雖然不會隨嬰兒出生，但是很多細胞也都有幾個月的壽命。反觀胎兒細胞，有些生產後幾天就會走上凋亡的道路，如表皮細胞。壽命最長的是神經細胞，一些神經形成後會陪伴人的一生。神經細胞和表皮細胞一個像是命運的寵兒，另一個是悲劇的代表，但如果追根溯源，這兩種細胞卻來源於一種幹細胞。而且，在這種細胞分裂時，兩個子細胞沒有任何差別，這與受精卵的第四次分裂發生的分化是不同的。如果沒有先天的優勢，那麼兩個細胞的分化方向是如何決定的呢？科學家發現，兩種可以相互結合的蛋白—notch 和 δ 會決定兩個細胞的命運。這兩種蛋白結合後細胞膜上 notch 含量增加而 δ 降低，同時 notch 能夠抑制細胞分化。最初 notch 在兩個細胞膜上含量相等，δ 也一樣。現在假設分裂產生 A、B 兩個細胞，兩個細胞上 notch 和 δ 接觸機率是相等的，這意味著兩者應該能夠同等程度地促進對方 notch，抑制 δ 和細胞分化，兩個細胞勢均力敵。但是，機率是一個理論值，實際過程中難免會發生接觸不均等的情況。假設 A 細胞有更多的 δ 與 B 上的 notch 結合了，那麼 B 細胞的 notch 就會多於 A，δ 少於 A。這會造成 A 上的 δ 與 B 上的 notch 結合機率更大，B 細胞的 notch 進一步增加，δ 進一步減少。A 最終分化成神經細胞，而 B 分化成表皮細胞。兩者最初隨機接觸讓本來的勢均力敵轉變為一邊倒的局面，從此一個細胞走向獲得終身成就的道路，另一個黯然離場，如圖 5-7 所示。

　　不過 A 細胞距離終身成就還很遠。剛分裂形成的 A 細胞只是一個神經幹細胞，沒有神經元修長的身材，也不與其他細胞連接，形成網絡。A 細胞是個小肉丸的形狀，這與它的功能相關。A 形成的位置並不是它最終定居的位置。A 細胞要經歷漫長的遷徙過程才能完成終身成就的第一步。神經元細胞的大規模遷徙是很複雜的。在遷徙的路線上，有很多資訊物質為 A 細胞提供訊號指引。這就像公路上有很多路標，按著路標走就能到達目的地。A 細胞在合適的位置分裂分化，分化中 A 細胞膜開始向外突起，像種子生根一樣。這些突起延伸的方向也由訊號物質引導。神經細胞定位在合適的部位，並透過突起與靶細胞建立連結，這種連結一旦確定，靶細胞會釋放訊號物質。這時細胞才獲得了終身成就，沒有與靶細胞連接的神經細胞都會發生細胞凋亡。

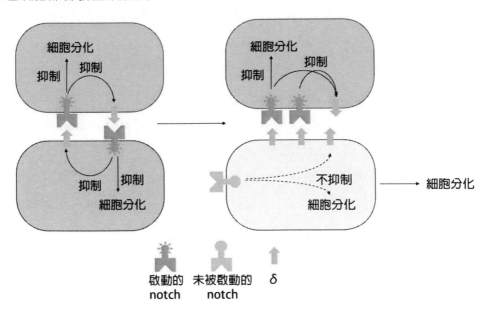

圖 5-7　δ 與 notch 決定的細胞分化

　　細胞的命運是資訊安排的，其中有的是在細胞分裂前就注定的，有的是隨機事件，也有連續的布局和精巧的設計。

◢ 癒合的傷口

一個生命系統難免受到損傷，所以修復機制非常重要。典型的例子就是傷口會很快癒合。傷口剛剛出現的時候，傷口處形成血栓，纖維蛋白（fibrin）構成網，血細胞堵在網眼裡。透過這種堵的方式，抑制血液流出和病原體入侵。緊接著，傷口周圍的幹細胞被活化，開始分裂分化，形成新生組織。新的皮膚、肌肉開始形成，神經和血管再將它們與有機體連接。原來的血栓被蛋白酶消化，死亡的細胞被巨噬細胞吞噬。這個過程是系統的建構和演化的重演。在生態系統中，這種系統破壞和重建過程也很常見。

1986 年 4 月 26 日，位於烏克蘭境內的車諾比核電廠發生事故。核電廠的事故引起了連續爆炸，釋放的輻射劑量是廣島原子彈的 400 倍以上。火災和放射性浮塵對周圍環境產生毀滅性的影響。當時沒有進行科學考察的可能，但可以推測，距離事故最近的生物絕無生存的可能，因為當地的放射性強度比致死放射量高 40 倍。從事後的航空照片看，核電廠附近的松林呈紅色，被稱為「紅樹林」，如圖 5-8 所示。這是松樹遭受強烈輻射後死亡導致的。現在，「紅樹林」成了核爆恐怖後果的代名詞。爆炸點方圓 30 公里以內的居民被迫遷出，該區域被劃為隔離區。儘管如此，仍有 20 萬以上的人因此患病或死亡。

車諾比核電廠的事故對當事人造成了嚴重的生理和心理創傷，爆炸多年後，核事故在人們心中的陰影仍然揮之不去，但是自然界的傷口已經癒合。新生的植被旺盛生長，原來的廠區被植物入侵，建築融入新形成的森林中，形成獨特的生態景觀。紅樹林裡出現了很多野生動物，棕熊、野牛、狼、猞猁、普氏野馬，以及兩百多種鳥類在這裡自由生活。由於是人類的禁區，這裡的野生動物反而比原來更多。牠們像替代了原來在廠區生活的人類，成了這裡的主人。

　　在人類主宰這塊土地時，一切都是設計的。植物的種類、植物的分布都由人決定，植物的作用只是點綴城市。動物除了是人類的食物，就是人類的寵物，能夠討好人類的生物，就能在這裡生存。核輻射驅逐人類以後，自然選擇的力量重新主宰了這片土地，植物之間相互競爭，更高大的喬木占據獲取陽光的優勢，逐漸成為優勢物種。其他植物只有能夠適應陰暗環境才能繼續留在這個生態系統中。植物類型確定後，適應這個環境的動物會被保留，其他動物或者離開或者死去。不同物種相互適應，生態系統重生了。這是生態系統的演化與細胞和個體演化的最大差異。生態系統的演化沒有一個預先制定好的藍圖，是組成這個系統所有元素互動和相互選擇的結果。同一地區進行兩次演化最終形成的生態系統也許結構相似，但是物種組成卻會出現差異（見圖 5-9）。

圖 5-8　紅樹林

圖 5-9　車諾比的次生演替

　　現在的車諾比雖然看起來生機勃勃，但是事故附近的輻射量仍高於一般地區。對這一地區的動物調查發現，鳥類和小型哺乳動物的大腦都偏小，在核輻射高危險區，有 40% 的鳥類缺乏生育能力。紅樹林的樹木生長速度明顯較慢，而且死亡 10 ～ 15 年後的樹木仍然不會腐爛，這要比相似的森林慢得多。科學家注意到，紅樹林缺乏細菌和真菌等分解者，這有可能是輻射量較高導致的。死亡的植物無法被分解，礦質元素被儲存在植物遺體中，這使得新生植物無法得到營養，因而導致生長減緩。在沒有興建核電廠之前，車諾比也許是野生動物的理想家園，人類的活動改變和破壞了原有自然環境，這種改變隨著人類的離開而逆轉。但是，輻射這個環境因素阻礙了生態恢復的步伐。也許有一天，這裡的輻射會下降到不再影響生態系統的水準，到那時人類對車諾比的影響將徹底消失。但是，並不是人類對生態環境的所有影響都能逆轉，在下一章中我們會講述相關的問題。

　　車諾比就像一個正在癒合的傷口。那些因為事故而凋零的生命對於生態系統而言只是新陳代謝的一種形式，他們已經被新的生命取代，就像傷口的細胞會被新生細胞取代一樣。但這些生命寫在人類的共同記憶中，他們中有人因魯莽惹下大禍，有人不顧安危保護家園，有人忍著一身病痛背井離鄉……他們寫下的歷史會被人類記住，用來防止類似災難的發生。

第六章

系統失調與潰散

◤ 失調

系統演化到一個相對穩定的階段以後，組成系統的所有成分將會相互制約，去除某一成分可能引起連鎖反應。

麥覺理島（Macquarie Island）是澳洲的一座島（見圖 6-1），19 世紀之前這裡沒有人類居住，島上有一些稀有的鳥類，還有海豹。19 世紀，有人開始上島捕獵海豹，他們還帶去了一些常見動物—兔子、貓和老鼠。這些動物導致海鳥數量減少。兔子吃掉了大量的草，導致了土地荒蕪，這對在地上築巢的鳥類影響特別大。於是在 1960 年代，動物保護主義者決心去除這些兔子。他們使用了生物武器 —— 兔黏液瘤病毒（rabbit myxoma virus）。兔子的數量從 13 萬隻減少到 1 萬隻。可是海鳥的命運並沒有改變。兔子少了以後，貓的食譜發生了變化。本來貓主要以兔子為食，現在吃不到兔子的貓只能去吃那些珍貴的鳥。動物保護主義者又不得不殺死貓。2000 年，島上的貓沒有了，兔子數量馬上又上來了，而且這些兔子是經歷過病毒選擇的，根本沒辦法再用原來的方法除掉牠們……

圖 6-1　麥覺理島上的企鵝和兔子洞

人體系統的問題有時比生態系統更為複雜。人體系統除了由人體細胞構成的各種組織、器官以外，還包括大量的微生物。共生的微生物比組成一個人的體細胞數量還多。這些微生物多數對人體無害，當然有些微生物會引起人類的疾病。在人類發明抗生素前，外傷感染致死率很高，肺結

核等於不治之症。抗生素在對抗細菌和真菌引起的疾病上效果非常明顯，讓人類平均壽命至少增加 10 年，被稱為人類醫療史上最重要的發明也不為過。但是，抗生素在殺死致病微生物的同時，也會抑制那些無辜的微生物，尤其是腸道菌群。正常條件下腸道中的微生物種類及比例比較穩定，這是它們與人類和平共處的基礎。抗生素對人體細胞沒有危害，卻能改變微生物之間的平衡關係。艱難梭狀芽孢桿菌（clostridium difficile）是腸道菌群的成分之一，正常條件下比例很低。這種細菌對氨苄青黴素（ampicillin）的抗性很強，服用這種抗生素後，其他腸道微生物被抑制，為艱難梭狀芽孢桿菌的大量增殖創造了條件。艱難梭狀芽孢桿菌可產生外毒素（exotoxin），少量的外毒素對人體並沒有什麼影響，但大量的外毒素會損傷腸壁細胞，還會引起免疫系統攻擊腸壁細胞，造成腹瀉。這還只是對一個個體的影響，人類開始使用抗生素還產生了兩個附加結果：一是微生物抗藥性（drug resistance）出現；二是與人類共生的微生物種類減少。這讓人類面臨很大麻煩，經過抗生素篩選產生的「抗生素抗藥性」（antibiotic resistance）會讓人類無藥可用。而一些長期與人類共生的微生物的消失可能與過敏、肥胖、憂鬱症等疾病的發生有密切的關係。

　　就人體自身系統而言，各系統之間也必須透過負回饋調節維持各種物質或狀態的相對穩定。其中免疫系統的平衡是非常重要的。「提高免疫力」這句話常聽人說起，但有時免疫力過高非常可怕。這是因為免疫功能之一是攻擊和殺傷自身細胞，免疫力過強會導致對自體細胞的強烈攻擊。一些致死性強的傳染病，致死原因並不是病原體本身的活動，而是這些病原體引發的過度免疫。2019 年發現的新型冠狀病毒（SARS - CoV-2）是一種讓人類陷入恐慌的病原體，其特點是傳染性強、致死率較高。一些患者在感染病毒後體內產生了大量的細胞激素（cytokine）。細胞激素在正常人體中造成活化免疫系統的作用，但過多的細胞激素會引發免疫系統對自身細胞的強烈攻擊，這種細胞激素風暴才是引發患者死亡的真正原因。相反，

一些病毒會降低有機體免疫能力，典型的例子就是 HIV 病毒。這種病毒透過抑制輔助性 T 細胞（T helper cells, Th）導致人體免疫功能下降，輔助性 T 細胞就是一種能釋放細胞激素的細胞。而伊波拉病毒（Ebola virus）更是能把這兩種技能集於一身，成為殺人機器。伊波拉病毒會進入一種抗原呈遞細胞（antigen-presenting cell, APC），抗原呈遞細胞是病原體的報告者，伊波拉病毒的行為就像竊賊潛入前破壞監控攝影機，這樣人體就不會產生針對伊波拉病毒的免疫。等到伊波拉病毒大量增殖的時候，它們就會觸發強烈的細胞激素風暴，隨後引起的免疫攻擊血管壁，造成血液滲出，人體各處出現出血症狀。伊波拉病毒的致死率高達 88%，不過也正是因為這種病毒對人類的強致死性，才讓這種可怕的病毒不能在人群中傳播。隨宿主的死亡，病毒的傳播途徑也會中斷。

失調的後果非常可怕，常常會導致一個系統的穩定性下降，甚至完全崩潰。

◢ 褪色的大堡礁

　　大堡礁是著名的旅遊勝地，它是沿著澳洲東北海岸分布的世界上最大的珊瑚礁區，長逾 2,000 公里，距海岸約 16 ～ 300 公里，400 多種形態多樣、色彩繽紛的珊瑚分布在溫暖的淺海中。珊瑚為其他生物創造共同家園，有超過 1,620 種魚類、2,000 種海綿、14 種海蛇、300 多種軟體動物物種、630 種棘皮動物和 500 種海洋藻類共同生活在這裡，形成了地球上最複雜、生物多樣性最高的生態系統。2017 年，大堡礁珊瑚出現了大量白化事件，五顏六色的珊瑚突然褪去顏色（見圖 6-2），到底發生了什麼事情呢？

圖 6-2　褪色前後的大堡礁

　　要解釋珊瑚白化現象，我們需要先近距離觀察珊瑚。珊瑚並不是生物，它是珊瑚蟲的外骨骼。珊瑚蟲屬於腔腸動物門珊瑚綱，腔腸動物的另一個代表是水母，這兩種生物在結構上有相似之處，珊瑚蟲像一個微小水母（珊瑚蟲一般只有幾公分），倒坐在自己的外骨骼裡。沒有外骨骼的水母在水中自由漂泊，而珊瑚蟲卻一生定居在自己構建的房子裡。珊瑚蟲在生長過程中吸收海水中的鈣和二氧化碳，分泌碳酸鈣作為外骨骼。外骨骼在珊瑚蟲死後不會消失，新一代的珊瑚蟲就在老一代珊瑚蟲的外骨骼上繼續蓋房子，這樣一層一層堆積的外骨骼最終形成了珊瑚。

　　珊瑚蟲像建築師一樣，為海底城市建造了珊瑚這種大型建築，一些珊

瑚群甚至會形成島嶼。海底建築為很多魚類提供了生活場景，魚類在這裡更容易躲避天敵和獲取食物，它們的聚集鎖住了生命必需的元素。充足的陽光、溫暖的海水加上生命必需元素的累積讓珊瑚礁所在海域生機勃勃。珊瑚蟲能夠從海水中獲得食物，但是它們獲取能量的更主要方法是從與它們共生的小夥伴那裡獲取。小夥伴的名字叫蟲黃藻（zooxanthella），是一種單細胞藻類。蟲黃藻能在珊瑚蟲細胞內生活，為珊瑚蟲提供葡萄糖、甘油、胺基酸、氧氣等光合產物。作為回報，珊瑚為蟲黃藻提供保護、居所。珊瑚蟲所需能量的 90% 來自於蟲黃藻。珊瑚礁生態系統中一些魚類和海星以珊瑚蟲為食，所以蟲黃藻和珊瑚蟲的共生體也是這個生態系統的生產者之一。海水溫度升高會導致蟲黃藻離開珊瑚蟲，珊瑚就會失去多彩的顏色，這就是珊瑚白化的原因。短期的白化是可以恢復的，畢竟珊瑚蟲還有一些從外界獲取有機物的能力，只要氣溫恢復，珊瑚蟲就能重新獲得共生藻，但是長時間的白化會導致珊瑚蟲營養不良而最終死亡。

人類觀測到的大堡礁白化事件共有 4 次，分別發生在 1998 年、2002年、2016 年和 2017 年。前兩次影響範圍較小，2004 年，科學家已經觀察到白化的珊瑚礁出現恢復的跡象。2016 年和 2017 年，大堡礁三分之二的珊瑚受到了高溫天氣影響，很多珊瑚已經無法恢復。這不僅影響了澳洲的旅遊業，同時珊瑚礁生態系統也面臨巨大的危機。直接受到影響的是以珊瑚蟲為食的動物，但這只是前奏。珊瑚會被海水侵蝕，海浪也對珊瑚有驚人的破壞力，只有靠珊瑚蟲不斷繁殖，才能抵消海水對珊瑚的消耗。珊瑚不可逆的白化表明珊瑚蟲已經死亡，這意味著珊瑚只會不斷被消減。棲息環境被破壞後，珊瑚礁原住生物的數量和多樣性都將下降。

與系統失調可能導致的系統潰散不同，珊瑚礁生態系統可能的潰散源於維持這一生態系統的基石受到的直接打擊。在生態系統中，生態系統基石遭到破壞的案例屢見不鮮。外來的入侵物種會對本地生態系統的生產者產生直接影響。葛根是一種原產於中國的植物，它們能夠順著其他植物的

樹幹攀爬而且生長迅速。1935 年，為了防止水土流失，美國開始大面積種植葛根，但隨後葛根的發展失控了。當地沒有動物喜歡吃這種植物，同時由於攀爬能力強，葛根能夠爬到喬木頂端獲取光能，當地植物在與葛根的競爭中節節敗退。葛根為當地帶去的不是欣欣向榮的綠色，而是單調乏味，如圖 6-3 所示。

圖 6-3　葛根入侵美國

　　人類活動也是破壞生態系統基石的重要力量，這種破壞同樣會對人類的發展形成反制，後面我們會看到自然界反制人類產生的可怕後果。

◤ 消失的文明

　　復活節島（Easter Island）位於南太平洋東部，該島以近千尊巨大的石雕人像著名，這也是該島最神祕的地方，如圖 6-4 所示。1774 年，英國航海家詹姆斯‧庫克（James Cook）船長訪問復活節島時情景是這樣的，島上的居民只有 2,000 人，整個島只有 3 條簡陋的小船，長僅 3 公尺，最多乘坐兩個人，還會漏水。這樣的小船隻能在岸邊行駛，不可能到深海去。島上土壤非常貧瘠，當地居民只能種植番薯，這是他們主要的食物來源。可以說復活節島的居民一直生活在飢餓狀態中。這樣差的生產水準與巨大宏偉的石像形成了極大反差。石像意味著先進的文明，但怎麼也看不出小島有先進的樣子。

　　當代的科學家透過花粉遺跡發現復活節島曾經是一片富饒的土地。花粉壁中所含有的胞粉素是細胞外壁的主要成分，化學性質特別穩定，能保護土壤中的花粉顆粒不被破壞，這些花粉最終會形成化石。不同植物的花粉形態結構有所不同，根據在顯微鏡下觀察到的土壤花粉化石可以推測曾經出現過的植物種類。透過這種方法，科學家發現在人類出現之前，復活節島是被森林覆蓋的，有棕櫚樹、托羅密羅樹（toromiro tree）和其他高大樹木。而現在的復活節島只有 47 種高等植物，而且多數都是矮小的草本植物，如圖 6-5 所示。在西元 800 年以後，棕櫚樹開始減少，15 世紀初棕櫚樹在復活節島絕跡。棕櫚樹滅絕的原因是什麼呢？

圖 6-4　復活節島石像

圖 6-5　復活節島生態環境

　　一些人類學家透過分析古代垃圾找到了答案。西元 900 至 1300 年，海豚骨大量出現在垃圾中，這說明海豚是當地居民的食物來源。海豚生活在深海，所以古代復活節島居民具有航海技術，這種技術需要大型船隻，而製作船隻的原料就是棕櫚樹。島民透過漁業過著富足的生活，人口逐漸增加，從西元 1200 年開始，島民建造巨型石像，島上文明進入繁榮階段。造船和捕魚是復活節島繁榮的原因，也是它衰落的原因。食物的增加

導致人口爆炸，人口爆炸導致更多的食物需求，島民們需要更多的棕櫚樹建造船隻出海捕魚，這導致了棕櫚樹在島上滅絕。這樣遠海的漁業也不能維持，人們只得開始種植甘薯等農作物。但是由於大型樹木被砍伐導致了嚴重的水土流失，土壤也不適於耕種。據估計，復活節島人口曾經達到8,000～20,000人，但是15世紀以後人口銳減，只能維持在2,000人左右的水準，曾經繁榮的文明就此終結。

　　復活節島文明的衰落並不是個例，美洲叢林中掩埋了一個更龐大、更先進、持續時間更長的文明——馬雅文明。馬雅人有自己的文字，在石碑上刻著精美的圖案和燦爛的歷史。他們修建了高達30公尺的金字塔和神廟，如圖6-6所示。但是如此先進的文明卻在1,000多年前戛然而止。對馬雅失落之謎一直有各種解釋，一些生態學家認為馬雅文明消失的原因與馬雅人的生活方式有關。馬雅人在進行農業生產時先把雨林中的樹木砍倒，乾燥一段時間以後放火焚燬，用草木灰做肥料。這種農業在當時是很先進的，農業產出讓馬雅人口大增。從西元前400年馬雅人口就開始迅速增長，到衰落時人口總數達到500萬，相當於現代發達地區的人口密度。但人口增長需要更多的食物支持，人們只能繼續毀林開荒。

圖6-6　馬雅金字塔遺蹟

　　馬雅地處熱帶，氣候特別適合植物生長，所以自然條件下，馬雅是熱帶雨林的狀態。在熱帶雨林中，生物的種類和數量都非常多，優勢物種是各種參天蔽日的樹木，其他植物使用攀緣、寄生、陰生等生存技巧，在雨林中占據一席之地。由於水分和光照適宜，各物種生長速度都非常快，其中植物生長會吸收土壤中大量的礦物質，這讓熱帶雨林土壤貧瘠。馬雅人的農業方式使得林木中的礦物質返回土壤，所以剛墾荒時農田產量很高。但是農作物固定礦物質的能力比雨林中的樹木低得多。在熱帶雨林狀態下，生物體死亡後組成元素很快被釋放，這些元素會立刻被周圍生物吸收，各種礦質元素在系統內部循環利用。失去熱帶雨林後，土壤中的礦質元素會隨水土流失離開這一地區。馬雅農業給元素循環提供了出口，卻不能從外界獲取新的元素，這樣的新循環導致礦質元素持續減少，糧食因此減產，到了無法再滿足人口需求時，馬雅文明便衰落了，馬雅人放棄了自己創造的燦爛文明，返回了叢林。

　　農業是文明的基礎，土壤又是農業的基礎。馬雅和復活節島曾經擁有發達的技術，但這種技術榨乾了文明賴以生存的土壤。當維持一個系統的底層要素受到系統發展的破壞時，這個系統演化的方向注定是滅亡。

　　兩種古代文明的衰落是否為現代人類文明敲響了警鐘呢？

◤ 什麼是死亡

生命是一個低熵系統，它要不斷從外界獲取能量維持低熵狀態。為此，它必須一方面從外界獲取資訊，另一方面透過調節維持系統內部的平衡。運行良好的系統透過演化擴展系統。相反，失衡會導致系統死亡。什麼是死亡？低熵系統熵增的過程就是死亡。

細胞有兩種死亡方式：細胞凋亡（apoptosis）和細胞壞死（necrosis），如圖 6-7 所示。兩者結果相同，都是一個細胞的消亡。但在微觀尺度上觀察兩者區別很大。凋亡後細胞形成很多生物膜包裹的小泡，過程很像一個大肥皂泡斷裂形成一連串小肥皂泡，這些小泡會跟周圍細胞發生融合。細胞壞死就像把那個大肥皂泡刺破一樣，細胞一下爆開了，裡面的物質被釋放出來。其中的大分子物質是周圍的細胞一般無法直接接受的，有機體需要指派吞噬細胞去處理。在壞死細胞的附近出現大量的趨化激素（chemokines），這種訊號指引吞噬細胞趕往事故現場。這個事件最終會以炎症的方式匯報給人體，就是壞死細胞引發的紅腫、疼痛。對於細胞這個系統而言，無論凋亡還是壞死，它們一生經營聚集的物質都將被耗散。但是對於人體這個更大的系統來說，這些物質仍然聚集在系統內部。所以，包括人類在內的多細胞生命體都將細胞凋亡的資訊寫進了遺傳資訊編碼中，雖然開啟這段編碼的細胞會死亡，但是卻對整個個體的生存有積極意義。

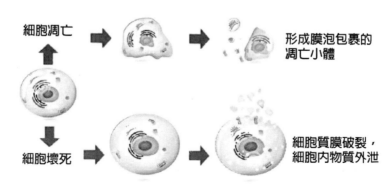

圖 6-7　細胞凋亡與細胞壞死

細胞凋亡的例子有助於理解死亡。個體死亡的結果是這個個體不再有維持自己系統低熵的能力，但是從生態系統的角度來說，個體耗散的物質卻不能輕易離開這個系統。在熱帶雨林裡，沒有一點元素會被輕易浪費，一片落葉會被微生物迅速分解，然後成為植物之間相互爭奪的資源。沙漠中的綠洲有獨立於沙漠的小氣候，綠洲的水能為植物生長提供條件，而植物又造成保水的作用。生態系統可以看作高於個體的生命存在形式。與個體相同，生態系統也是透過獲得能量聚集物質。而生態系統也面臨著死亡威脅，系統失調最終會傳遞到生態系統的基石。當生產者大量死亡時，生態系統獲取能量的能力將大幅下降。這影響了生態系統聚集物質的效果，元素的流失會進一步導致生產者死亡。當世界上的元素均勻分布時，所有的生態系統都會死亡。

但是，這種大規模的熵增情況在以億年為衡量尺度的未來都不太可能出現。一個生態系統可能死亡，但它的物質會被聚集到另一個生態系統中，就像細胞凋亡後被周圍細胞吸收一樣。生命系統是反熵增的，而現階段地球反熵增的能量主要來源於太陽能。在地球元素守恆的條件下，光能的輸入會導致有序性的增加而不是相反。即使短暫地停止光照，地球的生命系統也不會中斷。科學家推測白堊紀恐龍滅絕的原因是一顆直徑 10 公里的小行星撞擊了地球，如果撞擊真的發生，那麼爆炸會產生大量塵埃，陽光被遮擋數月之久，大地一片黑暗，植物死亡。即使如此，地球生命系統還是延續到了今天。

35 億年前，從一個單細胞開始，生命系統出現。它是一個以 DNA 為資訊載體的系統，能夠不斷複製。它的後代開枝散葉形成形形色色的生物體。經過漫長的演化，後代們適應各種生存環境，遍及地球每一個角落。它們之間彼此競爭，形成越來越強的獲取能量的能力。雖然個體會死亡，但是祖先細胞的生命形式一直沒有間斷過。生命個體會死亡，物質會消散，但這些物質很快會被新的生命利用。生命在地球延續了 35 億年，從未死亡。

今天，人類智慧讓地球生命獲得了星際旅行的潛能。祖先細胞發源於地球幽暗的角落，但是它的後代透過不斷探索遍布整個星球。未來地球生命形式也可能突破地球的疆界，開始宇宙範圍內的探索。這樣即使有一天太陽熄滅，地球生命仍然可以在更大範圍內延續下去，這樣看生命是永生的。

真的是這樣嗎？生命系統用於對抗熵增的能量恰巧來自於其他系統熵增的過程。一個食肉動物透過捕食獲得有機物，這些有機物中的能量可以維持自身的低熵，但代價是被捕食者的熵增。同樣，地球生態系統透過吸收太陽能實現熵減，但太陽釋放能量的過程是一個熵增過程。如果把地球生態系統和太陽看成一個系統，總熵值還是增加的。當太陽核燃料燃燒殆盡，地球生態系統將不會再有能量輸入，這個孤立的系統熵值不斷增加，只有前往其他星球才能逃脫死亡命運。

但是，宇宙也許也是一個孤立系統，熵值也只能增加，即使地球生命散布到整個宇宙，也無法逃脫最終死亡的命運。熵增是宇宙的最終宿命，也決定了宇宙中所有生命系統的命運。

第二篇
適應：生命的主旋律

適合，但不完美

生命有著令人炫目的多樣性，但背後又蘊藏著令人驚嘆的共性，適應就是其中之一。

按達爾文自然選擇學說（natural selection，傳統上也譯為天擇）的觀點，適者生存，不適者淘汰，現存的生物都意味著是適應環境的，否則它們將被無情地淘汰。

地球上已被發現和被科學家命名的生物大約有 190 萬種，而存在於地球上的物種數量，據推測在 500 萬到 5,000 萬。如果加上微生物，物種數量會大幅增加，增到何種程度則完全無法確定。據科學家估計，從 6 億年前至今，至少已有 20 億種生物在地球上出現過，而其中 99.9% 的物種現在已經滅絕。為什麼它們會滅絕？顯而易見是它們不能適應變化著的環境。

適應無處不在，它們表現在生物的形態結構、生理功能、繁殖等方面。例如，植物中蟲媒花的構造、顏色、花蜜、香氣等與昆蟲的傳粉是相適應的；由風傳播的種子，像蒲公英的種子，在果實上生著毛茸茸的白色纖維適於被風吹走；由動物傳播的種子，如竊衣（Torilis scabra）和鬼針草（Bidens pilosa）的種子，果實上有刺，很容易附著在動物身上；鳥類與昆蟲有著適於飛翔的翅膀，鯨、魚類則有著與水中生活相適應的形態結構與生理特徵。達爾文考察過的加拉巴哥群島（Galápagos Islands）上的地雀擁有不同形狀的喙，這些不同的喙適應著它們吃不同的食物。在雨季，較細長的喙能幫助地雀吃到它們喜歡的食物，如仙人掌果和蜱蟲，但在乾旱期，較粗短的喙能幫助它們吃到不太理想的食物，如較堅硬且營養也不太豐富的種子。

生命體的適應還表現在細胞成分、生理乃至基因與基因的表達等方面。極寒水域中生存的冰魚形成了抗凍蛋白；高溫熱泉中的嗜熱菌進化出了耐高溫的酶；大腸桿菌等微生物則能有什麼營養就合成什麼酶；生物還

能透過核酸的甲基化（methylation）修飾等表觀遺傳（epigenetics）來適應變化的環境。

適應的意義在於讓自己活下去，讓種族繁衍下去。因此，生存與繁殖是適應的永恆主題。

但是，適應總是相對的。老鼠在現今世界上可謂是個「大家族」，牠們聽覺靈敏，奔跑如飛，有時能躲過貓的襲擊，迅速鑽進洞內。但蛇卻可根據其頭部的熱定位器，準確地找到鼠洞，登門食之。這樣，老鼠雖然僥倖躲過了貓，但會喪生於蛇口。渾身長滿硬刺的刺蝟，一旦遭敵，整個身體就形成刺球，把頭等部位保護起來，一般的敵人在牠面前常常束手無策，而狐卻能撒其尿液，把刺蝟「燻」得舒展開，這時狐就咬住其腹部，繼而將其作為美食。蛾類結繭，固然有利於保護自身，然而棉紅鈴蟲（Pectinophora gossypiella）的悲劇就恰恰出在繭上，金小蜂（nasonia）正是借助於繭對棉紅鈴蟲的束縛作用，順利地將卵產到它的體內。「作繭自縛」可謂是棉紅鈴蟲的真實寫照。仙人掌的葉退化成刺，減少了蒸騰面積，並在肉質莖中貯有大量的水，以適應乾旱的環境。它雖有含大量葉綠體的莖來行使光合作用的功能，但其光合作用的強度相對闊葉植物已明顯減弱。在加拉巴哥群島上的地雀，粗喙不便於吃仙人掌果，細喙不便於吃堅硬的種子，不粗不細的喙吃這兩種食物都不方便。在人類身上，短腿有利於在寒冷氣候下保存熱量，但不利於長距離高效行走或奔跑。

所以，適應追求的不是完美，而是妥協，而且在某一方面選擇了適應，就往往在另一方面付出代價，這樣的代價也就抵消了它們帶來的好處。生物的每個個體都是適應環境的，但它們同時又都是不完美的。自然選擇不斷推動生物向著最優進化，但最優幾乎是不可能達到的。

適合，但不完美，這就是最好的結果。

本篇不準備系統講述適應的各個方面，而是透過一些典型的故事與事例，與讀者分享對適應的理解。生存與繁殖是適應的兩個永恆主題，我們

在第七章與第八章中講述的是生物為了生存與繁殖進行拚力的故事。適應是相對的，進化的過程中需要包容與妥協，這是第九章的內容。生物僅因環境變化而獲得的性狀改變稱為獲得性（acquired），獲得性顯然也是一種適應，分子遺傳學告訴我們，如果遺傳物質沒有改變，獲得性是不可遺傳的。但表觀遺傳揭示了獲得性也可以遺傳。第十章中我們將講述表觀遺傳的幾個典型事例。

第七章
為了生存奮戰

　　地球上的生命可謂是無處不在。從海底熱泉到極地冰層，從鹽湖到冷凝水，從深達一萬公尺的馬里亞納海溝到喜馬拉雅山山頂，從幾十公里高空到地下幾公里的岩層，都能找到生命的蹤影。生命體既能在沸騰的水裡生存，也能在冰天雪地裡泰然自若，既不害怕具有腐蝕性的硫酸，也對有著致死壓強的深海毫不畏懼。例如，嗜鹽菌可以在含鹽飽和的鹽湖中存活；嗜酸古菌可以在 pH 為 0 的環境中生長；而嗜鹼生物則能生存在富含碳酸鹽的鹹水湖裡；目前已知的超嗜熱生物能夠在 113℃的高溫下繁殖。

　　在漫長的進化歲月中，自然選擇造就了生物的適應。

◢ 冰魚與林蛙的故事

布威島（Bouvet Island）是南太平洋上的一個小島，大約在非洲好望角西南方 2,500 公里、南美洲合恩角（Cape Horn）以東 4,800 公里處。小島覆蓋著數百公尺厚的冰層，邊緣是黑色的火山岩形成的險峻峭壁，平均溫度在冰點以下。這裡人跡罕至，1770 年代，庫克船長率領皇家海軍艦艇「果敢號」（HRM Resolution）在南極海域探險時，兩度試圖找到這個小島都沒有成功。1928 年，挪威探險船「挪威號」登陸布威島，船上的一位生物學家迪特李維·路斯塔德在這兒捉到了一些外形相當奇特的魚，當地捕鯨者稱之為「魔鬼魚」或「冰魚」，如圖 7-1 所示。

圖 7-1　眼斑雪冰魚（Ocellated Ice Fish）

被路斯塔德捕捉到的冰魚有大大的眼睛和長著長牙的嘴，纖細的魚鰭骨上覆蓋著透明的膜。牠沒有鱗片，而且某些部位潔白如雪，其他部位則是半透明的。當路斯塔德把魚剖開的時候，他發現魚的血液也是白色的─完全不帶一點紅色。這條冰魚的鰓也很奇特，它們白而柔軟，就像香草雪糕一樣，相比而言，鱈魚的鰓是紅酒般的深紅色，充滿了富含氧氣的血液。

此後，路斯塔德的同學魯德來到南極，希望對這種冰魚加以研究，

以解開牠們的血液之謎。他在南喬治亞島設置了臨時實驗室，不久就獲得了一些珍貴的標本，並小心分析牠們身上奇特的血液。他的研究報告在1954年發表，研究結果是：這些南極冰魚沒有紅血球！在這之前人們認為，所有脊椎動物血液中都有紅血球，因為需要紅血球攜氧，沒有這些攜氧細胞，脊椎動物將無法生存。人類的貧血，就是因為紅血球數量不足導致的病症。

紅血球之所以重要，是因為它含有大量血紅素（hemoglobin），血紅素是富含鐵的蛋白質，在血液循環過程中，細胞用它吸收和釋放氧氣。

南極冰魚沒有紅血球，牠們的血液中沒有血紅素，那麼冰魚如何生存呢？起初，生物學家認為冰魚可能透過鰓和極薄的皮膚吸收了許多溶解在海水中的氧，因此牠們可以拋棄那些大而柔軟的紅血球，冰魚蒼白的血液是對南極冰冷而富含氧氣的水環境的典型適應特徵。而且，生物學家還推測，較稀薄的血液在身體中循環流動的時候阻力比較小，而節約能量消耗也有利於生存，尤其是在極端環境裡。

魯德首次檢驗冰魚血液的40多年後，研究者們透過DNA的比對分析發現：通常有兩個基因與血紅素中珠蛋白（globin）的合成有關，但在冰魚身上這兩個基因一個徹底消失了，另一個僅存無功能的基因殘骸。

冰魚為什麼捨棄了這兩個基因？這是海洋的溫度和洋流的長期巨變造成的。

在5,500萬年前，南極海域溫度下降，某些地方的溫度從20℃降到-1℃以下。在3,400萬到3,300萬年前，地殼的大陸板塊移動，使得南極洲自南美洲頂端分離出去，完全為海洋包圍。海流隨之變化，南極洲周圍的海域被隔斷，因而限制了魚類的遷徙，牠們若不能適應已變化的環境就會滅絕，而這也正是當時大多數魚類的命運。冰魚是少數絕境逢生的物種。

在南極冰冷的海水裡，生物體液的黏性會增加，難以在體內流動。

大多數生活在南極的魚類以降低循環血液中紅血球的比容（specific volume，一定量的血液中紅血球所占的體積比）來克服這個難題。人類的血紅血球的比容大約為 45%，紅血的南極魚類的血紅血球的比容是 15%～18%，冰魚把這一點發揮到了極致：牠們將紅血球完全除去，並允許血紅素產生突變而退化。這些魚的血液相當稀，只有 1% 的血細胞（全部是白血球），甚至可以說，牠們的血管中流的是冰水。在缺乏生存所必需的紅血球的情況下，這類生物是如何存活的呢？

　　溫水與冷水的一個重要區別是水中的含氧量不同，冷水的含氧量要比溫水高得多，因此酷寒的海水含氧量是特別高的。冰魚擁有相對大的鰓，並且皮膚沒有鱗片，上面有粗大得非比尋常的微血管，這些特徵提高了冰魚從環境中吸收氧的能力。但冰魚僅有這點兒改變是難以適應寒冷的環境的，冰魚還需要有更多的改變。

　　微管（microtubule）是細胞內的重要支架，是細胞的骨骼，它涉及細胞的分裂和運動，以及細胞外形的形成。哺乳動物的微管在 10℃ 以下就會變得不穩定，南極魚類如果也用相同的微管，牠們就無法生存。而冰魚的微管可在冰點之下正常組成，並且維持穩定的結構。

　　冰魚還「發明」了抗凍蛋白（antifreeze proteins, AFPs），南極魚類的血漿中充滿了這種特別的蛋白質，它們幫助降低魚體內冰晶形成的臨界溫度，讓魚能在冰冷的海水中存活。如果缺少這類蛋白質，這些魚體內就會形成冰晶，這些冰晶邊緣像鍛造精良的利劍一樣美麗，也像利劍一樣致命。恆溫動物體內具有溫度調節系統，因此即使身體處於 0℃ 以下也能生存。但魚類沒有調節體溫的能力，形成抗凍蛋白就成為一種生存的策略。

　　與冰魚類似，北極的鱈魚也如此。北極鱈魚體形細長，體表呈褐色，腹部和鰭則為銀白色，長約 18～30 公分。北極鱈魚生存繁衍的區域位於海平面以下 900 公尺，緯度和北極相差不超過 6°，那裡的水域常年水溫在 0℃ 以下。

　　寒冷水域中生存的冰魚、鱈魚適應環境的策略之一就是形成抗凍蛋

白。抗凍蛋白降低了體液的凍結溫度，很像汽車引擎裡的防凍劑。

不只是魚類，北美林蛙也有抗凍的「特異功能」。

北美林蛙（Rana sylvatica），又名阿拉斯加林蛙，是一種十分可愛的小動物，身長只有約 5 公分，雙眼彷彿戴著一副黑色的面具，就像電影裡的蘇洛（Zorro）一樣。林蛙一般生活在北美洲地區，從美國的喬治亞州北部一直到阿拉斯加，包括北極圈北部的地區，都可以發現牠們的蹤跡。在早春的夜晚，人們可以聽到牠們交配的叫聲。「嘎！嘎！嘎！」的聲音並不那麼動聽，聽起來很像小鴨子的叫聲。但是那之後直到冬天結束，就都不會再聽到林蛙的叫聲了。林蛙與很多動物一樣，整個冬天都處於休眠的狀態。

一般而言，冬眠的哺乳動物都會進入深度睡眠中，依靠一層厚厚的絕緣脂肪層來保持溫暖和提供能量，而林蛙卻全然不同，牠們會完全進入冷凍的狀態。林蛙把自己埋在 2.5 ～ 5 公分厚的樹枝和樹葉下，然後開始玩「假死」的把戲。林蛙被徹底凍成硬塊，如圖 7-2 所示。

圖 7-2　冰凍的林蛙

冰晶會漲破細胞，對於大多數生物來說，身體結凍都是致命的。林蛙在森林地面上冬眠，沒有什麼隔溫擋風的東西，最極端的情況下，身體

裡三分之二的水分都會結冰，這時牠不呼吸，沒有心跳，新陳代謝完全停止，就像一件玻璃製品。林蛙體內的冰主要分布在體腔、皮下、淋巴這些不太要命的地方，腦和內臟保持完好。待到春暖花開時，伴隨著溫度的回升，林蛙被慢慢解凍，短短幾分鐘之內，牠的心跳就能奇蹟般地恢復，同時呼吸也變得正常。牠眨了眨眼睛，眼睛的顏色又變回了黑色，然後伸了伸腿，坐了起來！不久之後，牠便會活蹦亂跳地加入其他剛剛解凍的林蛙尋找配偶的「合唱」隊伍中去。

牠毫髮無損，好像什麼事情都沒有發生過一樣。

林蛙的抗凍機制是什麼呢？林蛙抗凍的主要訣竅有以下三個：

第一個是葡萄糖。葡萄糖可以提高體液的濃度，降低冰點。林蛙分解骨骼肌的蛋白質和脂肪體的脂肪，轉化成肝糖原，儲存在肝內。然後把肝糖原轉化成葡萄糖，運輸到全身。啟動防凍功能只要一兩天的時間。林蛙肝裡葡萄糖的濃度最高，腦和心居中，骨骼肌最少，所以外圍的組織會迅速結冰，形成一個「冰軀殼」。化凍之後，這些葡萄糖又會在一兩天內變回肝糖原的形式，重新儲蓄到肝臟，供應牠繁殖需要的能量。

第二個是尿素。尿素的作用和葡萄糖類似，透過高濃度防凍，它還可以調節特定種類的酶。尿素來自骨骼肌，透過分解肌肉的蛋白質獲得合成尿素的氮。尿素在腦裡含量最高。阿拉斯加林蛙體內的尿素濃度是俄亥俄州林蛙的五倍。

第三個是結合水。林蛙會讓體內的游離水轉化成結合水的形式。在冬天，林蛙的肝和腸失水量會達到一半，骨骼肌失水量達到23%～29%。變成「蛙乾」不僅可以減少結冰的水量，還可以提高體液的濃度，降低冰點。

科學家發現，在林蛙的皮膚感知到溫度即將降至冰點附近幾分鐘之後，牠開始將血液和組織器官細胞中的水分排出，這一過程不是透過排尿實現的，而是將水分集中儲存在了腹部。與此同時，肝臟將大量的（相對

於小小的林蛙而言）葡萄糖釋放到血液中，並輔以釋放額外的糖醇（sugar alcohol），使林蛙體內的血糖水準上升了數百倍。所有的這些變化都大大降低了林蛙血液中殘留水分的冰點，並有效地將其轉化為一種含糖的防凍劑。

當然，林蛙的身體裡仍然含有一定的水分，只是這些水分被迫進入更為安全的區域，以便將冰晶造成的損害降到最低，而且冰本身可能也會產生一些有益的影響。林蛙是將自己的器官小心翼翼地保存在了冰塊中。

雖然林蛙的血液中留有部分水分，但是高濃度的糖不僅降低了血液的冰點，還能迫使冰晶形成更小、鋸齒更少的形狀，防止晶體刺穿或劃破細胞壁或者微血管壁，因而將傷害降至最低。再者，即便上述所有行為都未能阻止傷害的發生，林蛙還有一張「護身符」可以保牠安然無恙。在漫漫寒冬裡，冷凍休眠中的林蛙會產生大量的血纖維蛋白原（fibrinogen），這種凝血因子可能幫助林蛙修復在冷凍期間可能發生的任何損傷。

生物生存的環境是多種多樣的，不同環境中生物形成的適應各不相同。冰魚、鱈魚、林蛙要解決的是抗寒的問題，而高空飛翔的鳥類則要解決高空氧氣稀薄的問題。

斑頭雁（Anser indicus）（見圖 7-3）是世界上飛得最高的鳥類之一。牠必須飛得夠高，因為牠的遷徙路線途經聖母峰，那裡的海拔超過 8,000 公尺。在這個高度上，周圍的空氣非常稀薄，氧氣含量僅為海平面的三分之一，而鳥兒必須更加拚命地拍打翅膀才能翻越山峰。攀登聖母峰的登山者在到達這一海拔高度時需要借助氧氣罐，而乘坐噴射機（jet aircraft）的乘客則需要加壓艙的保護。斑頭雁無法借助這些技術，只能借助自己的身體，那就是牠有特殊的血紅素。與人體內的血紅素相比，斑頭雁體內血紅素與氧氣結合的能力更強，牠能從稀薄的空氣中攝入氧氣分子，在別的鳥類因為過高的海拔而望而卻步的時候，斑頭雁仍可以繼續勇往向前。

圖 7-3　斑頭雁

　　冰魚、林蛙和斑頭雁的適應讓人叫絕，但自然界中，適應的頂級高手非微生物莫屬。

◢ 從嗜熱菌說起

美國的黃石公園（Yellowstone National Park）是世界著名的旅遊勝地。公園內遍布著各種間歇噴泉、溫泉、蒸汽泉、泥泉等地熱景觀，如圖 7-4 所示。不斷有地下水補充的稱為熱泉（hot spring），不斷噴發的稱為噴泉（fountai），定時或不定時噴發的稱為間歇泉（geyser），還有只冒氣、不噴發的蒸汽泉（steam geyser），噴泥巴的泥泉（mudpot）……這些泉水的溫度都很高，而且含有豐富的硫化氫，遠遠地就可以看到從這些泉中冒出來的白煙，走近了會聞到濃濃的刺鼻硫磺味。看著那些翻滾冒泡的泉眼，一般的遊客大概會覺得這是生命的禁區，事實上，泉眼四周看上去就是不毛之地，見不到動物與植物。

圖 7-4　美國黃石公園的熱泉

但這些泉仍然是生命的活躍之地，它吸引了各式各樣的細菌在此生活，這些細菌各有不同的鮮豔色彩，將這些熱氣地帶染得五彩繽紛，豔麗奪目。在這裡，科學家發現了古菌以及 PCR 中用到的耐高溫的 Taq 聚合酶。

1966 年夏末的某一天，美國微生物學家托馬斯·布羅克（Thomas Brock）和他的學生赫德森·弗里茲（Hudson Freeze）正在黃石國家公園的

間歇泉和溫泉邊徘徊，想找找看有什麼微生物生長在這些池子周圍。幾眼泉周邊的橙色菌落將他們吸引了過去，好幾個溫泉流出的水也被染黃了。

葦狀泉是下間歇泉盆地（Lower Geyser Basin）的一個大池子，水源溫度高達 73℃，這在當時被認為是生物能忍受的最高溫度。他們在此處收集到一些微生物樣本，並從中分離出一種新的菌，那是一種可以在熱水中蓬勃生長的物種。事實上，最適合這種菌生長的溫度大約就是這個溫泉的溫度，他們將這種嗜熱性生物命名為水生棲熱菌（Thermus aquaticus）。布羅克也注意到，有些更熱的泉水附近存在一些粉紅色的絲狀物，這讓他心生疑竇，猜測有生物能在溫度更高的環境中生存。

翌年，布羅克嘗試用一種新的方法來獲取黃石國家公園溫泉裡的微生物。他的方法很簡單：把一兩片顯微鏡的載玻片綁在長線的一端，將其浸入池中，線的另一端綁在樹幹或岩石上。幾天後，他收回載玻片，發現上面有豐富的樣本，有些甚至在載玻片上形成一層膜。布羅克的推測是正確的，確實有生物能在超過原先所預想的高溫中生存，但是他沒有預料到它們能在沸水中生存。它們不僅能忍受 100℃ 以上的高溫，甚至能在公園中泥火山區域和濃煙滾滾、沸騰的酸性硫磺池中生存。布羅克在黃石公園的發現讓人們對生物的超凡適應力大開眼界。他鑑定出一些稀奇古怪但又重要的新物種，如硫化葉菌屬（Sulfolobus）和熱原體屬（Thermoplasma），同時開啟他稱之為「超嗜熱菌」的科學研究。

布羅克把這些新發現的超嗜熱菌歸入了「細菌」。的確，在顯微鏡下，它們和普通細菌很像。但 10 年後，伊利諾伊大學的烏斯（Carl Woese）和福克斯（George Fox）發現，多種親硫、親甲烷和親鹽的菌形成了一個完整的生物域。它們和細菌不同，正如細菌與真核生物不同。這個新的第三生物域，或者說生命類別，現在被稱為古菌域（Archaea）。

古菌的細胞膜與普通的細菌以及真核生物是不相同的。

　　普通細菌以及真核細胞的細胞膜都是以磷脂雙分子層為基本骨架的。磷脂為兩性分子，一端為含磷酸與膽鹼基團的親水的頭，另一端為疏水（親油）的長烴基鏈。當把兩親性的磷脂放在水裡時會發現，磷脂分子能自動形成兩層磷脂分子構成的囊泡。親水的頭部向著水分，和水分接觸，親脂的尾部受到水的排斥相對排在內部，彼此以色散力相吸引。細胞膜以及細胞內的各種膜都是這樣形成的。

　　但磷脂分子構成的這種膜在高溫的環境中是難以穩定的。古菌在嚴酷的環境中放棄了使用含脂肪酸的磷脂，而是採用聚異戊二烯（polyisoprene）的脂肪鏈。聚異戊二烯的長鏈透過醚鍵（—C—O—C—）和甘油相連，如圖 7-5 所示。這樣的分子也能在水中形成雙層膜結構，但是由於醚鍵比酯鍵穩定得多，親脂的尾巴還帶有側鏈，使得古菌的細胞膜更加結實穩固。

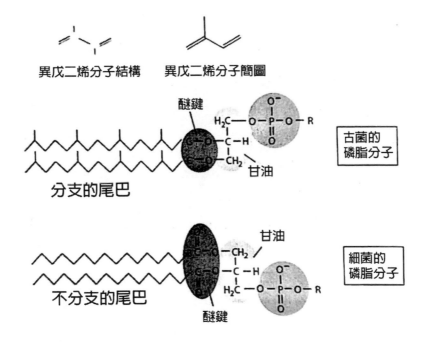

圖 7-5　古菌與細菌的磷脂分子

細胞中的生理反應都需要透過酶來催化。對於生活在高溫環境中的嗜熱菌而言，細胞中的酶需要能夠耐受高溫。事實也是如此，在 PCR 中利用的耐高溫的 DNA 聚合酶正是從黃石公園泉中的嗜熱細菌 —— 海棲熱袍菌（Thermotoga maritime）中提取分離出來的。

　　PCR 的全稱是聚合酶鏈式反應（Polymerasc Chain Reaction），簡單說就是用人工技術不斷複製 DNA，讓它一變二，二變四，越變越多。自然狀態下提取的 DNA 樣本濃度一般都比較低，通常要透過 PCR 擴增後才能用於檢測、測序、轉基因等操作。

　　布羅克在美國黃石公園的熱泉中發現並成功分離出了水生棲熱菌，而 Taq 聚合酶則是科學家錢嘉韻（Alice Chien）所分離出來的。1973 年，錢嘉韻就讀於美國俄亥俄州辛辛那提大學生物系，她的指導教授對水生棲熱菌十分好奇，就讓錢嘉韻以該細菌作為研究主題。錢嘉韻從水生棲熱菌中成功分離出了耐高溫的 Taq DNA 聚合酶。

　　在 PCR 反應中，DNA 聚合酶是最關鍵的因素。PCR 最初使用的 DNA 聚合酶是大腸桿菌 DNA 聚合酶 I 的 Klenow 片段，但該酶存在很多缺陷，使之不能廣為應用。比如，熱穩定性差，每次 DNA 熱變性後大部分酶都被去活性，需要重新加入，每個循環都要重新加入；Klenow 酶反應溫度較低，引物和模板容易形成非特異性配對，產生非特異性擴增。後來人們曾使用過 T4DNA 聚合酶和 T7DNA 聚合酶，兩者雖使擴增特異性增加，且使 DNA 合成速度提高了，但是由於其對熱的穩定性差而未能廣泛應用。直到耐熱的 DNA 聚合酶被發現，PCR 技術才得到迅速的發展和廣泛的應用。

　　在極端環境下，生物要立足，就需要形成不同的適應機制，這些適應包括從細胞壁、細胞膜、酶與 DNA 等各個方面。概括而言，不同類型的適應特點如下：

· **嗜熱適應**：絕大多數耐高溫細菌的細胞壁是由肽聚糖（peptidoglycan,

PGN）及短肽構成的三維網狀結構，這增強了細菌的耐熱性；嗜熱菌的細胞質膜隨環境溫度的升高，類脂總含量和高熔點飽和脂肪酸也增加；嗜熱菌的蛋白質分子高溫適應機制包括呼吸鏈蛋白質、胞內蛋白及許多酶熱穩定性高。在嗜熱菌的核酸分子高溫適應機制方面，DNA反解旋酶（DNA reverse gyrase）以及與 DNA 分子相結合的帶正電荷的蛋白質、聚胺類物質以及高濃度的鉀鹽是其胞內 DNA 分子維持熱穩定性的重要因素。另外，tRNA 的 G、C 鹼基含量高，提供了較多的氫鍵，故其熱穩定性高；專性嗜熱菌株的質粒，攜帶有與抗熱性相關的遺傳資訊。

嗜冷適應：嗜冷菌的細胞膜中脂類含量較中溫微生物多，脂類成分裡直鏈和支鏈不飽和脂肪酸可以降低脂類的熔點，使細胞膜在低溫條件下保持良好的流動性，有助於其在低溫條件下生存。在低溫條件下，嗜冷菌還可大量分泌胞外脂肪酶、蛋白酶等，將環境中脂肪、蛋白質等生物大分子降解成小分子，有利於營養物質透過細胞膜，因而保證微生物營養需求；嗜冷菌 tRNA 中二氫尿嘧啶（dihydrouracil）含量高，有助於維持 tRNA 局部構象，有較好的柔韌性、流動性，這也是對低溫環境的一種適應；嗜冷菌代謝產生的低溫酶分子結構一般具有較好的柔韌性，在低溫條件下能快速進行構象上的調整以適應催化反應的需要，減少了能量消耗；嗜冷微生物所處環境溫度下降時，可產生多種胞內冷休克蛋白，有研究者認為這些冷休克蛋白有助於嗜冷菌在低溫條件下合成生長繁殖所需的蛋白質。

嗜酸適應：嗜酸微生物的細胞膜表面會聚集很多金屬離子，在酸性環境中這些金屬離子會與氫離子發生交換，避免過量氫離子對細胞的毒害作用；透過平衡機制和氫離子的擴散作用，質子梯度（proton gradient）和跨膜電位差趨於零，因而使嗜酸微生物細胞內維持中性環

境。

* **嗜鹼適應：**嗜鹼微生物的細胞壁含有大量酸性小分子，這些酸性小分子帶負電荷，可以中和細胞表面的 H^+；嗜鹼微生物的細胞膜透過一定生理機制抵禦細胞內 pH 值的變化，維持胞內的 pH 值接近中性；嗜鹼微生物的某些 DNA 與耐鹼性有關。

生命對環境的要求似乎一點都不挑剔。地球上任何地方，只要具備液態的水、有機分子與能量，就會有生命。生物能在被稱之為「絕境」的惡劣環境中生存，是因為它們發展出了耐高溫與低溫、耐鹽、耐酸、耐鹼等特性。

不只如此，生物在進化中還發展出了隨機應變的策略。

◢ 隨機應變

　　大腸桿菌是人和動物腸道中最主要和數量最多的一種細菌，主要寄生於大腸內。每個人每天平均從糞便中排出 10^{11} ～ 10^{13} 個大腸桿菌。大腸桿菌經常作為細菌的模式生物廣泛用於科學研究。

　　一般情況下，大腸桿菌在培養基中有葡萄糖時，首先將葡萄糖作為碳元素的來源，當培養基中沒有葡萄糖而只有乳糖時，大腸桿菌便會合成半乳糖苷酶（galactosidase），使乳糖分解為葡糖糖和半乳糖，當培養基中的乳糖被分解完畢時，大腸桿菌便不能合成半乳糖苷酶了。

　　這是為什麼呢？1961 年，法國學者賈克柏（F. Jacob）和莫諾（J. Monod）透過對大腸桿菌乳糖分解代謝的研究，發現了原核細胞基因表達的調控機制。為此，他們獲得了 1965 年的諾貝爾生理學或醫學獎。

　　賈克柏和莫諾透過反覆實驗，對這一現象提出了合理的解釋。他們認為，調節乳糖分解代謝的根本原因是大腸桿菌 DNA 上存在著乳糖操縱子（operon），它由一個操縱基因（O）、三個結構基因、啟動子（promoter）（RNA 聚合酶結合位點 [P]）和調節基因（I）組成，三個結構基因分別是 Lac Z（編碼半乳糖苷酶）、Lac Y（編碼半乳糖苷透過酶）和 Lac A（編碼半乳糖苷轉乙酰酶）。培養基中乳糖的存在與否，直接影響三個結構基因的表達。

　　當培養基中沒有乳糖時，調節基因的產物調節蛋白會與操縱基因結合，因而阻礙 RNA 聚合酶與啟動子的結合，使三個結構基因無法轉錄，也就不能合成分解乳糖的半乳糖苷酶。

　　當培養基中只有乳糖存在時，乳糖可以與調節基因的產物調節蛋白結合，使調節蛋白不能與操縱基因結合，因而使 RNA 聚合酶順利地與啟動子結合，促進三個結構基因的轉錄，也就促進了半乳糖苷酶的合成，使乳糖被分解為葡萄糖和半乳糖，如圖 7-6 所示，滿足大腸桿菌生長的需要。

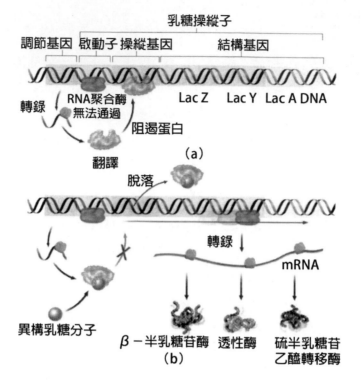

圖 7-6　大腸桿菌半乳糖苷酶的合成調節

　　但這只能解釋大腸桿菌為什麼只有在存在乳糖的情況下產生半乳糖苷酶因而能利用乳糖，並不能解釋為什麼在葡萄糖與乳糖同時存在的情況下不利用乳糖。

　　那是因為乳糖操縱子中啟動子的功能不強，需要活化因子來增強它。在葡萄糖濃度很低的情況下，細胞內會產生大量的環磷酸腺苷（cAMP）。cAMP 可以結合在另一個蛋白質——cAMP 受體蛋白（CRP）上。由 cAMP 和 CRP 組成的蛋白質複合物就成為活化因子，可以合到啟動子中一個 DNA 活化序列上，促進基因的轉錄，使細胞去利用乳糖。如果有葡萄糖，cAMP 的濃度就會降低，形成 cAMP-CRP 複合物的數量也很少，不能促進乳糖操縱子中基因的轉錄，利用乳糖的酶就會減少，細胞也就轉而利用葡萄糖了。

　　大腸桿菌為什麼不時刻準備著半乳糖苷酶呢？要知道如果大腸桿菌準備半乳糖苷酶，那僅僅準備好一個或幾個是不夠的，至少需要 3,000 多個半乳糖苷酶才行，合成它們的每一個分子都需要超過 1,000 個胺基酸分子，合成的原料與能量均需要由細胞提供。按生物學的調節原理，細胞會對半乳糖苷酶的合成進行調節，以避免浪費原料，也許我們可以認為細胞中持續合成半乳糖苷酶對細胞的代謝與繁殖不會產生太多的影響，而且隨時準備著的好處是，當環境中突然出現乳糖時，細胞就能在營養的利用上獲得先機。

　　2005 年，以色列魏茲曼研究所的埃雷茲·德克爾（Erez Dekel）和尤里·阿龍（Uri Alon）表達了半乳糖苷酶的確切消耗。他們欺騙細胞，讓它們以為周圍的環境中有乳糖，實際上卻並沒有。被騙的細胞合成了半乳糖苷酶，如果這種浪費足夠顯著，將會在細胞分裂的速度上有所體現。事實上也的確如此，細胞的分裂速度降低了數個百分點。打個比方，這就像資金周轉不靈的開發商在房屋施工時，非要修一個並不需要的游泳池，游泳池占用了他的資金和材料，最後只能犧牲室內的裝潢。相比之下，另一個更優秀的建築商會盡快完工，賣掉房子之後再建新的房子，而此時上面說到的那個開發商還在為游泳池裡鋪什麼樣的瓷磚而頭疼。

　　僅僅幾個百分點的工程拖欠似乎算不上什麼大事，對於大腸桿菌 20 分鐘左右產生一代的分裂速度而言，1 分鐘的差距好像不足為奇，但是這一分鐘的延遲從長遠來看卻是致命的。如果一個菌群中有 50% 的細菌存在這一分鐘的缺陷，80 天之後，存在缺陷的細菌數量將不足 1%，而 300 天之後，這個比例會降到百萬分之一以下。它們很快就會不可避免地被繁殖相對較快的同類排斥殆盡。因此，我們可以推測，當初的細菌確實有些是修游泳池的，但它們在競爭中落敗了，因為它們選擇了不利於競爭的策略。自然選擇歷來殘酷無情，只有適者才能生存。

隨著「食物」成分的改變，細胞的代謝途徑也隨之發生變化，這是許多微生物的生存策略，這樣的策略既能保證它們在多變的環境中生存下去，又能避免合成不需要的酶而導致浪費。想像一下，一小塊泥土中有數十億個細菌，只要偶爾給它們一點接濟，如一片掉落的葉子，一具腐爛的屍骸，或者一顆從樹上掉下的熟透的蘋果，它們就能生生不息。這些食物中的營養物質豐沛，不過前提必須是細菌有能耐消化和吸收它們。換句話說，也就是細胞得有適當的酶，可以利用外來的物質合成自己需要的生物成分。當可用的食物全部耗盡，只要有一個細菌擁有利用不同物質的能力，它就很可能會成為其他嗷嗷待哺的細菌的救世主。此時，新的性狀就是微生物延續生命的關鍵。

　　生物的生存不僅需要適應無機的環境，還需要在與其他生物的競爭中獲得一席之地，因此生物之間不可避免地要開展軍備競賽。

◢ 軍備競賽

「為什麼會是這樣？」愛麗絲大叫，「我覺得我們一直都待在這棵樹底下沒動！」

「廢話，理應如此。」紅桃皇后傲慢地回答。

「但是，在我們的國家裡，」愛麗絲說，「如果妳以足夠的速度奔跑一段時間，妳一定會抵達另一個不同的地方。」

「現在，這裡，妳好好聽著！」紅桃皇后反駁道，「以妳現在的速度妳只能逗留原地，如果妳要抵達另一個地方，妳必須用比現在快雙倍的速度奔跑！」

這是路易斯‧卡羅（Lewis Carroll）的一部文學作品《愛麗絲夢遊仙境》中的故事。人們引用這個故事用以說明為確保整體的和諧一致，個體之間必須完全同步發展，否則就會跟不上隊伍，落後的個體會被淘汰、消亡、滅絕。這個故事蘊含的道理也被稱為「皇后定律」。生物學中則常常用皇后定律來說明生物之間的「軍備競賽」。由於每個新進展產生的同時也將催生反進展，因此最終雙方難分高下。然而這樣的過程卻給雙方都帶來了新的性狀，這就造成了這樣的怪現象：所有的生物都在變，到頭來卻發現它們彼此之間的關係依然如故，絲毫不受影響。

這個世界上不存在絕對王者的生物，每種生物都存在著生存的威脅，面對這些威脅，每種生物都發展出了自己的應對策略。製造毒性物質是許多看起來是弱者的生物應對天敵的化學武器。

1979 年 7 月，一名來自美國奧勒岡州的 29 歲大學生在一次聚會上突然暈倒，不久後去世。據說，他的死亡原因是他在大量飲酒後吞下了一條長 20 公分的蠑螈。他吞下蠑螈後 10 分鐘就開始嘴唇扭曲，麻木、體虛，他告訴他的朋友說他感到自己快要死了。果然，不久他便離世。可以說，他是被蠑螈毒死的。

蠑螈是一種兩棲動物，看起來溫馴、柔軟又可愛，因此通常被人當作寵物來養。蠑螈生活在丘陵沼澤地水坑、池塘或稻田附近，多在水底覓食蚯蚓、軟體動物、昆蟲幼蟲等。蠑螈體內的毒素叫河豚毒素（tetrodotoxin, TTX），是與河豚體內相同的一種毒素。當蠑螈受攻擊時，會立即分泌這種致命的神經毒素，給對手致命一擊。

TTX 是一種生物鹼，其分子式為 $C_{11}H_{17}O_8N_3$，為胺基全氫喹唑啉型化合物，是自然界中所發現的毒性最大的神經毒素之一，曾一度被認為是自然界中毒性最強的非蛋白類毒素。其毒性比氰化物還要高 1,250 多倍，0.5 毫克即可置人於死地。該毒素對腸道有局部刺激作用，吸收後迅速作用於神經末梢和神經中樞，可高選擇性和高親和性地阻斷神經興奮膜上鈉離子通道，阻礙神經傳導，因而引起神經麻痺而致死亡。

河豚曾是一道美食，但牠必須由專業的廚師來烹飪。烹飪不當，食用了帶毒的河豚，那就是「拚死吃河豚」了。

蠑螈比河豚要小得多，但一隻區區 15 克的蠑螈也足以毒死一個 75 公斤的成年男子。可見，其他捕食者將其吞下會是什麼後果。但有一種襪帶蛇（Thamnophis sirtalis），蠑螈一旦遇上牠，就會陷入一場生死苦戰，而且蠑螈很可能就成了襪帶蛇的美食。襪帶蛇之所以不怕 TTX，是因為牠進化出了抗毒的能力。這是蛇與蠑螈進行軍備競賽的結果。

試圖吃下蠑螈的蛇都會出現 TTX 中毒的現象：搖頭晃腦、變得軟趴趴的，並且無法自行恢復正常。實驗室研究發現，大多數蛇會放走蠑螈，而後痊癒。大型的蛇縱使能將整隻蠑螈吞下，最後也會癱瘓死亡。只有少數的蛇可以成功地把蠑螈消化。

你或許會想，蛇幹嘛要冒著這麼大的危險吃掉蠑螈呢？其實這就像我們面對豐盛大餐一般，很難抵抗誘惑。當然，要逞口腹之欲就得付出代價——過度飽脹會讓人不舒服好一陣子。這些抵抗力較強的蛇可以吃蠑螈，其他蛇就不行。吃下蠑螈之後，雖然會感到眩暈，但總比不吃來得強。這

種抗毒性是遺傳而來的，所以牠們的後代會比抵抗力較差的蛇更有「優勢」。而對於蟾蜍來說，也必須形成更強的毒性才能與蛇抗衡。蟾蜍在與蛇的較量中不斷升級自己的毒性，而蛇則提高自己的抗毒能力。蟾蜍毒性的增加，從某種程度上說需要感謝蛇，因為蛇抗毒性的升級，使得蟾蜍的毒性也不斷升級，因而在自然界中不會成為更多捕食者的美餐。

夜行性昆蟲與蝙蝠之間的軍備競賽也十分經典。

夜行性昆蟲和其他一些小型節肢動物是食蟲蝙蝠最主要的食物來源。在蝙蝠出現前，黑暗對夜行昆蟲構成了保護，牠躲避了飢餓的鳥類和哺乳動物，因為大部分的脊椎動物捕食者在黑夜中視力很差，因此很多昆蟲進化出了夜間的生活方式。但自從蝙蝠進化出複雜的回聲定位系統後（見圖7-7），夜行昆蟲在黑暗中也變得不安全了。

圖 7-7　蝙蝠具有回聲定位系統

目前，在世界上的所有蝙蝠種類中約有 70% 是食蟲的。蝙蝠所捕食的昆蟲種類很多，小到雙翅目翼展（wing span）僅有幾公分的蠓科和搖蚊科昆蟲，大到體長超過 5 公分的鞘翅目甲蟲。因此，蝙蝠使得夜行性昆蟲的生存面臨著越來越大的威脅。

面臨著蝙蝠的強烈捕食，昆蟲當然不會坐以待斃，而是採取各種方法

來逃避被捕食的厄運。

比如，有很多昆蟲進化出探測「敵人訊號」的「預警系統」和「應急系統」，即透過超音波聽覺而產生相應的逃跑行為來抵禦回聲定位蝙蝠的捕食。

對於飛行能力較強的鱗翅目蛾類來說，探測到超音波訊號一般會產生兩個階段的逃避反應。低強度超音波訊號使蛾類飛離這種聲音；高強度超音波訊號誘使蛾類產生複雜的螺旋、繞圈、俯衝飛行或者停止飛行，使蛾類迅速地逃離蝙蝠的攻擊路線。有報導認為，蛾類探測到與蝙蝠距離大於5公尺時僅簡單地改變其飛行路線，而探測到與蝙蝠距離小於5公尺時，則傾向於盤旋或向地面俯衝。據估計，這些策略使其在野外被捕食的機率下降了40%。表現出逃跑行為的蛾類被捕食機率常顯著小於不表現出該行為的蛾類，被蝙蝠捕食的蛾類中，87%沒有表現出逃跑行為。飛行能力稍差的昆蟲則沒有這麼複雜的防禦行為，如草蛉科昆蟲在飛行時遇到蝙蝠超音波刺激後僅會折起翅並落到地面上，直翅目昆蟲同樣會合上翅並落到地面，或者用特殊的飛行轉向運動飛離聲音源。

有些昆蟲探測到蝙蝠的回聲定位訊號以後，並不是進行消極的逃避，而是積極地「反擊」，對蝙蝠的捕食發出強有力的警告。一些燈蛾科種類昆蟲能釋放出強烈的超音波「滴答」聲作為對蝙蝠超音波訊號的強有力回應。科學家研究表明，這種回應的超音波能削弱正在進行攻擊的蝙蝠的回聲定位能力，並且可能透過產生一系列錯誤回聲阻塞蝙蝠的回聲定位系統，因而影響其對捕食目標的範圍測定。

當然，「道高一尺，魔高一丈」，食蟲蝙蝠針對昆蟲的防衛也進化出了適應對策。

比如，一些蝙蝠利用高頻的回聲定位訊號中振幅和頻率的變化來探測和識別獵物，這大大超過了同域蛾類的聽覺能力，使得蝙蝠可以在回聲定位訊號被探測到以前靠近蛾類，等蛾類發現危險時已來不及逃脫。因此，這些訊號對於具有聽器防禦的昆蟲來說有不可探測性，就好像戰場上的隱

形戰鬥機一樣,可以在敵人發現之前靠近並給予致命一擊。

很多蝙蝠進化出了適用於地面搜尋的捕食模式,即從空中捕捉到從地面搜尋。「地面搜尋」蝙蝠靠近地面或者圍繞植物搜尋獵物時,透過使用視覺或利用昆蟲在植物中活動的聲音、搧動翅膀的聲音或者為交配而發出的鳴聲來捕食昆蟲,並且更充分地利用回聲定位作為導航的工具,而不是作為對獵物的探測器。同時,此類蝙蝠還可以降低其回聲定位訊號的時程或強度,因而使其更難引起昆蟲注意。一些「地面搜尋」蝙蝠甚至在牠們靠近獵物時完全停止其回聲定位訊號。這些訊號特徵大大降低了聲音訊號的顯著性,並且使牠們對具有聽器的蛾類享有明顯的捕食優勢。

類似的例子還可以舉出很多,比如如果羚羊跑得更快了,那麼豹子也得加快速度或者提高自己的智商;如果草變得更粗硬,那麼馬就必須進化出更強有力的牙齒;人類使用了抗生素,那麼細菌就會發展出針對這些藥物的耐藥性。

生物不會刻意地進化,但是生物族群還是不可避免地要發生改變,這是因為它們不得不適應變化著的生存環境,而環境中最重要的組成部分之一就是共處其間的其他生物。一種生物發生變化,必將迫使與其關係密切的其他生物也做出相應的調整。生物間的軍備競賽永遠也不會停止。

長時間的軍備競賽也會使競爭雙方的關係緩和下來。原來敵對的雙方改善關係成為合作或同盟關係,大家各顯其能並且齊心協力。

◢ 結成同盟

生物之間結成同盟關係的例子中，大家最熟悉的可能就是豆科植物與根瘤菌的關係了。

土壤裡的細菌入侵了豆科植物（三葉草、苜蓿和各種豆類家族成員）的根部，在細菌的刺激作用下，植物的根部膨大並形成結節，入侵的細菌便在此寄居。細菌從植物那裡獲取糖分，而植物從細菌那裡得到基本生存物質——氮。儘管空氣中的氮氣含量豐富，但是植物並不能直接利用這種氣態的氮，而細菌卻可以把氣態氮轉換成土壤裡的氨和硝酸鹽，植物可以利用這些形式的氮來合成自己的胺基酸、核苷酸等物質。植物給根瘤菌的回報便是提供充足的營養物質以及庇護場所。豆科植物與根瘤菌之間互惠有利的關係稱為互利共生。

互利共生可不是豆科植物與根瘤菌的專利。

蚜蟲是一類植食性昆蟲。目前已經發現的蚜蟲總共有 10 個科約 4,400 種，其中多數屬於蚜科。蚜蟲也是地球上最具破壞性的害蟲之一，其中大約有 250 種是對農林業和園藝業危害嚴重的害蟲。

蚜蟲是依靠吸食植物的汁液生存的，但植物的汁液營養並不豐富。植物的汁液中缺少蚜蟲生長必需的一些營養成分，包括幾種必需胺基酸。為解決這個問題，蚜蟲和一種大腸埃希氏菌的近親 Buchnera aphidicola 結成了聯盟。Buchnera aphidicola 成了蚜蟲不可缺少的重要組成部分，缺失這種原生共生菌後，蚜蟲將不能繁殖後代。

蚜蟲和體內細菌的同盟關係使得它們可以同時受益，這種關係就是互利共生。蚜蟲體內的細菌不光棲息在蚜蟲體內，而且直接棲息在蚜蟲的細胞內。它們為宿主細胞提供了救命的物質：合成必需的營養分子，尤其是蚜蟲本身不能合成且在植物汁液中也無法攝取的必需胺基酸。對於蚜蟲而言，體內的細菌就如同延續自身生命的工廠。

　　鑑於細菌的汗馬功勞，蚜蟲也會投桃報李。棲息在蚜蟲細胞內的細菌簡直就像漂浮在一碗肉湯裡，可謂養尊處優，任何食物都伸手即可取用。除了食物，蚜蟲細胞還為細菌提供了安全舒適的庇護所。身攜細菌到處遊走的蚜蟲可以為細菌遮風擋雨，禦寒保暖。與蚜蟲共生的細菌不需要擔心作物歉收，不用提防掠食者或者其他威脅，它們只要兢兢業業為宿主服務就能衣食無憂。蚜蟲體內的細菌猶如與世隔絕的渡假者，悠閒地徜徉在大海裡，享受著陽光和沙灘，任憑一陣陣溫柔的波浪晃動自己的身軀，消磨無聊的時光。

　　臭名昭著的病毒給人的印象似乎是一無是處。自 1892 年發現菸草鑲嵌病毒（Tobacco mosaic virus, TMV）以來，病毒主要作為病原體而被人們所認識。這種對病毒的片面了解導致人們對病毒的誤解，以至於甚少有研究者了解到病毒對其宿主有益的一面。某些病毒感染確實能導致動植物以及人類患上嚴重的疾病，但也有許多病毒對宿主的生存是有益甚至是必不可少的。

　　多酚 DNA 病毒（Polydna-viruses, PDV）共生在膜翅目姬蜂科和繭蜂科寄生蜂體內，是目前研究得最為透徹的互利共生病毒。該類病毒種類上千，預計約 3 萬種姬蜂和繭蜂寄生蜂都攜帶 PDV。PDV 將大部分的病毒基因導入寄生蜂的基因組，導致病毒顆粒殼體化寄生蜂的一些基因，這些基因在寄生蜂將蟲卵注入鱗翅目昆蟲寄主後表達。許多寄生蜂在將其卵產於昆蟲幼蟲時會活化幼蟲的血細胞免疫系統，免疫系統形成包囊殺死侵入的蟲卵或幼蟲，但是由 PDV 顆粒攜帶的寄生蜂基因能有效抑制該過程，因而保護寄生蜂後代順利完成發育。可以說，沒有 PDV 的幫助，寄生蜂的卵就不能存活。有些寄生蜂的寄主昆蟲在酚氧化酶的作用下形成黑化包囊，產生的氫醌或毒醌對寄生蜂的後代有毒殺作用，而某些寄生蜂的 PDV 具有抑制寄主酚氧化酶活性的能力，如甜菜夜蛾鑲顎姬蜂（Hyposoter exiguae ichnovirus）的 PDV 能抑制粉紋夜蛾和煙芽夜蛾

（Heliothis virescens）的酚氧化酶活性，因而保護寄生蜂後代免遭毒殺。

　　共生的最高境界就是融為一體，分不清彼此。真細胞中普遍存在的粒線體很可能就是被收容的入侵者。

　　1970 年，生物學家琳恩・馬古利斯（Lynn Margulis）提出了一個大膽的理論。她提出，粒線體曾經是一種獨立的真細菌（Eubacteria）。在某個時候，一個早期的真核細胞吞下了一個真細菌，但是它並沒有將之消化，相反，真核細胞允許真細菌在其細胞裡生存、分裂、繁衍。寄主真核細胞的後裔和真細菌的後裔從此過上了幸福的共生生活，如圖 7-8 所示。

　　最初相信馬古利斯理論的人寥寥無幾，但是隨著人們檢測、讀取的基因序列越來越多，支持這種觀點的科學家也越來越多。

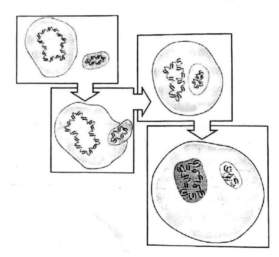

圖 7-8　馬古利斯理論：一個真核細胞吞了一個真細菌

　　大約 20 年後，比爾・馬丁（Bill Martin）和米克洛什・米勒（Miklós Moller）提出了對於馬古利斯理論的新解讀。當時，大多數專家都假設獲得了粒線體的細胞是一種早期的真核細胞，儘管如今並沒有這種原始真核細胞存在的痕跡。馬丁和米勒則提出這一始祖一定是一個古菌。大約 20 億年前，這個古菌為細胞增大的能量問題找到一個機智的解決辦法：它吞食了一個小真細菌，並將其變為能量源。

古菌第一次吞食真細菌但不消化它一定是一個偶然情況。儘管它們最後實質上是互利共生，但也許這種關係的最初階段其實更像寄生物和宿主之間的關係。或許是小真細菌進入古菌內部後發現那裡又舒服，營養又豐富，它在那裡既有吃的，又能躲開殘酷而危險的外部世界；又或許是這兩種細菌之前有過某種形式的合作，現在只是增進一下已有關係而已。

對雙方來說，不管最初的目的是什麼，這兩種細菌透過某種方式共存了下來，並學會了團隊合作，共同繁榮。真細菌在古菌裡繁殖，為古菌提供充足的能量。也許古菌利用這能量，在其他真細菌和原始細菌無法生存的環境中定居了下來。

支持粒線體曾經是一種真細菌的證據可謂鋪天蓋地。

對粒線體的研究發現，粒線體更像是一個細胞。它被兩層膜（外膜和內膜）包裹，有自己的 DNA，有自己合成 mRNA 和蛋白質的系統。它的 DNA 是環狀的，類似於細菌的環狀 DNA。它合成蛋白質的核糖體（70S）不像真核生物的核糖體（80S），而像細菌的核糖體（70S）。它的基質相當於細菌的細胞質，裡面含有三羧酸循環系統。像細菌那樣，粒線體的基因也是組織在操縱子中的，即功能相關的基因共用一個啟動子，而不像真核生物那樣，每個基因有自己的啟動子。粒線體也像細菌那樣，透過分裂來繁殖。真核細胞不能製造粒線體，所有的粒線體都必須從已有的粒線體分裂而來，這也符合「細胞只能來自細胞」的定律。

對粒線體中基因的分析發現，它們和一類細菌，即變形菌門（Proteobacteria）中的 α- 變形菌的基因最為相似。據此，科學家認為，粒線體是某種古菌「吞併」了 α- 變形菌，彼此形成共生關係而演變出來的。

當然，對於古菌是如何吞食原始變形菌的還存在不同的假說，真核細胞中的粒線體是被收容的原始細菌已是一種共識。無獨有偶，葉綠體的來源與粒線體類似，也是被收容後形成的同盟體。

為了活下去、活得更好，生物體拚盡全力，用盡了各種招數。但對於物種而言，僅僅個體生存下來是不夠的，它們還必須為後代拚力。

第八章

為了後代奮戰

　　就物種而言，個體的生存並不是它的最終追求。如果個體不能產生後代，個體就失去了存在的意義與價值。自然選擇造就適者，但自然選擇青睞的是具有繁殖優勢的個體。所以，生物不僅要為自己活下去奮戰，還需要為物種延續下去奮戰，有時候為了繁殖，犧牲自己也在所不惜。

◢ 病毒來襲

自 2019 年年底以來，新型冠狀病毒（2019-nCoV）在短短的幾個月就席捲了全球，感染人數超過 1,000 萬。病毒的繁殖能力令其他生物望塵莫及。

病毒無處不在，海洋、陸地、地底深溝，到處都有它們的蹤影。只要有生物，有細胞，就能攜帶病毒，每個藻類、細菌、植物、動物都是如此。病毒棲息在一個肉眼完全看不見的世界裡。

世界上病毒的數量之多，令人難以想像。1989 年，來自挪威卑爾根大學（Universitetet i Bergen）的奧伊文·伯格（Oivind Bergh）及其同仁發表了一篇具有開創性的論文。科學家用電子顯微鏡來計算病毒的數量，結果在每毫升海水中共找到 2.5 億個病毒顆粒。一項研究表明，如果地球上所有的病毒頭尾相連排成一列，那麼這一病毒鏈的長度大約將達到 2 億光年，大大超出了銀河系的邊緣。

病毒主要是由衣殼（capsid）和核酸構成的，衣殼由相同的蛋白質單位組成，這些組成衣殼的蛋白質單位叫做殼粒（capsomere）。衣殼的形狀常為多面體。有些病毒的外面還有脂質包膜環繞。病毒的種類龐雜，據估計有數百萬種之多。它們的遺傳物質可以是 DNA，也可以是 RNA。DNA 中可以是單鏈 DNA，也可以是雙鏈 DNA；RNA 中也可以是單鏈 RNA，或者是雙鏈 RNA。單鏈 RNA 中，可以是正鏈（直接含有編碼的鏈）或者反鏈（正鏈的互補鏈）。核酸可以是環狀的，也可以是線狀的。線狀的可以是單條，也可以是多條。

病毒都不具有細胞的結構，離開細胞是不能繁殖的。宿主細胞不同，病毒感染入侵細胞的方式也不同。

噬菌體是細菌病毒，宿主是細菌。由於細菌的細胞膜外面有細胞壁，整個病毒要進入細菌是困難的，因此噬菌體是將自身的 DNA 注入細菌中，而將蛋白質的外殼留在細菌外。

植物細胞也有細胞壁，而且植物細胞的細胞壁較厚，病毒也難以侵入其中。但如果植物受傷，病毒就可以從傷口進入植物細胞。一旦進入細胞，病毒就能透過原生質絲從一個細胞進入另一個細胞。

動物細胞沒有細胞壁，因此病毒可以直接和細胞接觸。病毒透過細胞表面異性的蛋白與細胞結合，然後以內吞的方式進入細胞。病毒進入細胞後，衣殼被細胞降解，釋放出遺傳物質。如果病毒外面還有脂質成分的包膜，包膜會與細胞膜融合，使病毒的衣殼和遺傳物質進入細胞，然後衣殼被降解，遺傳物質被釋放出來。

病毒入侵細胞是具有特異性的，某種結構的病毒常常只能感染適合它的細胞，而不能感染別的類型的細胞，如植物病毒、噬菌體不能感染動物細胞，動物病毒也不能感染植物或細菌；動物病毒中，許多感染動物的病毒也不能感染人體細胞，即使是感染人體細胞的病毒，也不能感染人體所有類型的細胞，如愛滋病的病毒感染的主要是 T 淋巴細胞，而並不會感染肝細胞，B 肝病毒也不能感染皮膚細胞。

不同的病毒擁有的基因都是不相同的，病毒之間遺傳物質的類型、大小也都是有差異的，而且外形和遺傳物質的類型也沒有固定的關係。病毒遺傳資訊的表達方式有如下一些類型（見圖 8-1）：

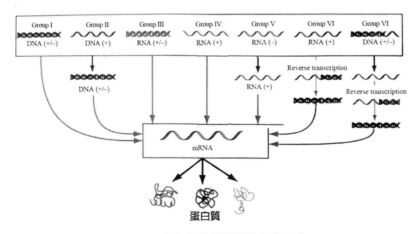

圖 8-1　病毒的核酸類型與表達方式

- **雙鏈 DNA 病毒：**這類病毒的 DNA 複製在細胞核中進行，類似細胞複製自己的 DNA，而且必須依賴宿主細胞的 DNA 聚合酶。病毒利用雙鏈 DNA 為模板合成自己的 mRNA，同時用宿主的 RNA 聚合酶合成自身的蛋白質。另一種雙鏈 DNA 病毒是需要進行反轉錄的。病毒的 DNA 進入宿主細胞後，形成環狀 DNA，以 DNA 為模板合成正鏈 RNA，以這條 RNA 為模板反轉錄形成 RNA 或 DNA，再合成雙鏈 DNA。

- **單鏈 DNA 病毒：**這類病毒的 DNA 是環形的正鏈，複製在細胞核中進行。單鏈 DNA 先作為模板合成互補的新鏈 DNA（負鏈），形成雙鏈的 DNA 中間物，再以新合成的負鏈 DNA 為模板合成 mRNA 及正鏈 DNA。

- **雙鏈 RNA 病毒：**這類病毒的繁殖過程與 DNA 無關，複製在細胞質中進行。病毒用自己編碼的 RNA 聚合酶（依賴 RNA 的 RNA 聚合酶）以 RNA 為模板直接複製自己。由於病毒具有相當於 mRNA 的 RNA 鏈，可以直接指導蛋白質的合成。

- **單鏈 RNA 病毒：**包括正鏈 RNA 病毒、負鏈 RNA 病毒和正鏈 RNA 反轉錄病毒。

- **正鏈 RNA 病毒：**病毒的 RNA 在性質上類似於 mRNA，可以直接與宿主的核糖體結合而產生蛋白質。病毒的 RNA 合成也在細胞質中進行，病毒用自身編碼的依賴 RNA 的 RNA 聚合酶合成負鏈 RNA，然後再合成正鏈 RNA。

- **負鏈 RNA 病毒：**由於病毒的 RNA 是負鏈的，不能直接與宿主的核糖體結合合成蛋白質，病毒得先用自身編碼的依賴 RNA 的 RNA 聚合酶合成正鏈 RNA，再以正鏈 RNA 為模板，指導病毒蛋白質的合成。正鏈 RNA 也可以做模板合成負鏈 RNA。病毒 RNA 的複製在宿主細胞

的細胞質中進行。

· **正鏈 RNA 反轉錄病毒**：病毒的 RNA 是正鏈的，以它為模板透過反轉錄形成一條 DNA 的單鏈，這條單鏈與 RNA 互補結合在一起，接著這條單鏈 DNA 再複製出一條互補的 DNA 單鏈，形成雙鏈的 DNA，而互補的 RNA 被降解。反轉錄形成的雙鏈 DNA 以負鏈為模板，轉錄出 mRNA，然後指導蛋白質的合成。病毒的正鏈 RNA 也以雙鏈 DNA 中的負鏈為模板合成。

由於病毒的繁殖離不開細胞，這就意味著它們必須不斷地轉換宿主，想盡一切辦法從一個細胞轉移到另一個細胞，從一個個體轉移到另一個個體。但生物體也並非任病毒宰割的羔羊，生物體的細胞也會想盡一切辦法對抗病毒，阻止病毒進入細胞，或殺死進入有機體的病毒。

以人體為例，人體的免疫系統會持續向病毒施加壓力，採取各種策略阻止病毒進入人體，或者在病毒設法入侵人體後抓住並殺死它們。這就使病毒面臨這樣的選擇：如果向外傳播，就有被人體免疫系統捕獲的風險；如果保持潛伏休眠狀態，雖然可以自我保護，但會失去繁殖後代的機會。

在戰爭中，病毒學會了選擇時機。我們以單純疱疹病毒所致的普通單純性疱疹為例，來闡釋病毒為適應人體這一複雜的棲息地所面臨的一些挑戰。這些病毒在人體神經細胞中找到了庇護所。因為神經細胞在人體內享有特權和保護地位，免疫系統對其的關注程度低於皮膚、口腔或消化道細胞。但待在神經細胞裡一直不向外擴散的疱疹病毒只有死路一條，因此疱疹病毒有時透過神經節擴散到人臉上，引發病毒性的單純性疱疹。此舉為病毒的人際傳播提供了一條路徑。

對於病毒如何選擇擴散時機我們知之甚少，但它們肯定對所處環境變量進行了監測，並以此為決策依據。很多感染單純疱疹病毒的成年人知道壓力可引發此病，一些人也能舉出例子，說明懷孕似乎容易引起活動性感

染。雖然還是猜測，但如果病毒在棲息的人體環境中捕捉到嚴重的壓力或是懷孕這樣的線索，由此活化自身也並不奇怪。因為一方面，嚴重的壓力顯示有死亡的可能性，宿主的死亡也意味著病毒的死亡，這也許是病毒傳播的最後機會。另一方面，懷孕為病毒傳播提供了機會：或者透過母親分娩時生殖器與嬰兒接觸傳染病毒，或者在嬰兒出生後無法避免的親吻中傳染病毒。

病毒還常常讓我們咳嗽或者打噴嚏，藉此經由我們的呼吸向外傳播；讓我們腹瀉，藉此透過水源傳播；讓我們皮膚上生瘡，藉此經由人與人的皮膚接觸而傳播……

病毒是藉細胞進行複製繁殖的，而對於細胞生物來說，繁殖的方式可概括為兩類：無性生殖與有性生殖。

◢ 沒有父親的無性生殖

1997 年 2 月 22 日，英國羅斯林研究所的研究人員宣布，經過幾個月的精心呵護，他們用體細胞人工複製技術培育出來的小綿羊「桃莉」（Dolly）正在茁壯成長，如圖 8-2 所示。5 天後，也就是 2 月 27 日，英國《自然》雜誌（Nature）全文刊登了羅斯林研究所的實驗結果。這一消息震驚了世界，人們在措手不及之中迎來了人工複製時代。至今，獲得任何人工複製動物或人在技術上應該都是可能的。《西遊記》中孫悟空拔一把毛就「吹」出小猴子來，似乎也已不再是神話。

什麼是人工複製？其實就是無性生殖。自然界中許多生物都採用這一繁殖方式。

無性生殖是生物體不需要經過兩性生殖細胞的結合，由母體直接產生後代。它是一種沒有父親的生殖。

無性生殖的常見形式有出芽生殖（budding）、分裂生殖（Fission）〔二分裂（binary fission）、複分裂（multiple fission）、細胞質分裂〕、幼體生殖（paedomorphosis）、多胚生殖、再生生殖等。上面說的人工複製，是人為控制條件下的無性生殖。

自然條件下，無性生殖普遍存在，並沒有被淘汰，無疑它是有優勢的。

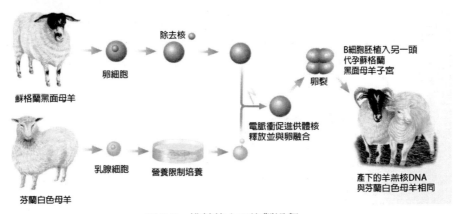

圖 8-2　桃莉的人工複製過程

　　有一個故事，一位漂亮的女演員在一場宴會上向愛爾蘭劇作家蕭伯納（George Bernard Shaw）求婚，她說：「我們應當生個孩子，這樣就會讓我的容貌和你的頭腦融為一體。」謹慎的蕭伯納卻說：「要是孩子有我的容貌和你的頭腦，那該怎麼辦？」蕭伯納的擔憂是有道理的。有性生殖的過程就是一個基因重組的過程，它塑造了一個基因組合，但很快又要把它們拆散。蕭伯納有可能與漂亮的女演員塑造出一個有著聰明頭腦與漂亮臉蛋的孩子，也完全可以塑造出一個有呆笨頭腦與醜陋臉蛋的孩子。但如果這位女演員能自己生子，她的後代一定與她同樣漂亮；如果蕭伯納能像孫悟空一樣「吹」出一個小蕭伯納來，這兩個蕭伯納的頭腦至少在生物組成上應該是一樣的。無性生殖，可以避免讓這個漂亮的女演員與蕭伯納生出一個既不漂亮又無智慧的後代的風險。

　　無性生殖保持了親代的性狀，使物種可以保持遺傳基因在代代之間穩定不變地傳遞，因而賦予動物體形態結構的穩定。從生物進化角度看，穩定的形態特徵往往意味著對特定環境的高度適應而被自然選擇下來。例如，鐮刀型貧血（sickle cell anemia）是一種嚴重的遺傳病，會導致紅血球扭曲成僵硬的鐮刀狀，無法擠過較細的微血管，如圖 8-3 所示。這種病是因為從父母那裡遺傳了一個基因的兩份「壞」拷貝，那麼自然選擇為什麼沒有把壞的基因給篩選掉呢？這是因為在某些情況下，單獨一份「壞」基因反而是有好處的。如果我們從父母那裡遺傳來一份「好」的、一份「壞」的，那我們不但不得鐮刀型貧血，還更不容易得瘧疾——另一種影響紅血球的疾病。單獨一份鐮刀狀紅血球基因的「壞」拷貝會改變紅血球的細胞膜，阻擋瘧原蟲進入細胞，但又不會讓細胞變成危險的鐮刀形。可是，唯有人工複製（也就是無性生殖）才能把這個有益的混合基因型每次都照樣傳下去，而有性生殖卻會無情地把基因打亂重組。假設父母雙方都擁有這個混合的基因型，那麼大概會有一半的孩子也會遺傳得到混合基因型，但是四分之一的孩子會得到兩份「壞」基因，因而患上鐮刀型貧

血，還有四分之一的孩子會得到兩份「好」基因，他們將來有很大的風險患上瘧疾——假如他們生活在地球上蚊子肆虐的廣闊地帶（蚊子會傳播瘧疾）。換言之，更大的多樣性反而使一半的人口陷入了嚴重疾病的危險之中。性可能讓生命直接遭殃。當然，性的風險遠不止這些，比如，蕭伯納如果真與那位漂亮女演員生子，他還得承擔那位女演員是否攜帶愛滋病病毒的風險。相比而言，無性生殖就沒有這些風險。

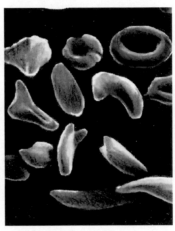

圖 8-3　正常紅血球（左）與鐮刀型紅血球（右）

其次，無性生殖方式不需要形成生殖細胞，這對獲取能量有限的簡單低等動物而言是一種比較節能經濟的生殖過程。

從細胞層面說，細胞的無性生殖就是一個細胞分裂成兩個細胞。而有性生殖是反過來，精子與卵細胞融合成一個受精卵，是兩個細胞變成一個細胞。從基因數目上看，性付出的是雙倍的代價：每個性細胞（精子和卵細胞）只攜帶著親本 50% 的基因傳給下一代；兩個細胞融合時，基因總數才恢復定額。從這個意義上說，如果一個個體能夠透過無性生殖的方式把自己的 100% 的基因傳給所有的後代，那就等於自帶了雙份的優勢，因此每個無性生殖個體傳遞的基因數是有性生殖個體的兩倍，它的基因應該會很快在群體中擴增開來，最終徹底取代有性生殖的基因。

從個體層面說，性意味著要尋找另一半，追求「性生活」就要付出高昂的代價，比如扎根在地上的植物，它們是怎麼追求另一半的呢？開花招蜂引蝶就是它們的策略。對於一株植物來說，開花是「穩賠不賺的買賣」。花朵依靠華麗的色彩和各異的形態吸引傳粉者，產出甜美的花蜜來讓傳粉者的拜訪物有所值，還要精心安排自己的分布──不能太近，不然近親交配就讓性失去意義；也不能太遠，不然傳粉者到不了那麼遠的地方。一旦植物選中了合意的傳粉者，花朵就開始和傳粉者平行演化，各自向對方施加收益和代價。而為了植物能原地不動地完成性生活而付出的所有代價中，最極端的莫過於小小的蜂鳥所付出的。

蜂鳥必須長得很小，因為再大的鳥就無法像牠那樣懸停在花朵深深的管頸上，這需要每分鐘振翼 50 次。身體那麼小，懸停在半空中所需的新陳代謝速率又是如此龐大，意味著蜂鳥幾乎得一頓接一頓地吃─牠們每天訪問上百朵花，吃下的花蜜比自身體重的一半還多，如圖 8-4 所示。假如迫使牠們長時間（其實就是幾個小時）不吃東西，牠們就會陷入一種類似昏迷的沉睡之中：心跳和呼吸速率跌落到正常睡眠的幾分之一，而體內溫度更是直線下降。受到植物那「魔法毒汁」的引誘，牠們要不是不顧一切地從一朵花飛向另一朵花，播撒著花粉，就是陷入昏迷當中，很快就會死掉。植物為了性的浪漫，不僅自己付出了代價，也引誘著蜂鳥，讓牠陷入了終身的奴役之中，過著慘不忍睹的生活。而如果植物選擇無性生殖，無疑代價要小得多。

圖 8-4　蜂鳥透過振翼懸停空中取食

　　此外，無性生殖能在較短時間實現族群數量快速增加，有利於占據環境。這是因為無性生殖的特點縮短了生物的生命週期，這樣既減少能量再分配過程，又相對提高繁殖下一代的成功率。例如，水螅（Hydra）在溫度適宜、環境食物資源豐富的季節將透過出芽生殖的方式大量繁殖產生新個體；日本血吸蟲的幼體尋找到中間寄主釘螺後，能夠充分利用軟體動物豐富的營養，採用幼體生殖的形式快速繁殖。無性生殖還形成了一種補償性保護機制，如低等無脊椎動物應對環境變化的反應比較簡單，牠們無論是在形態結構還是生理功能方面都尚未達到較高進化水準，因此需要形成一種抵禦環境變化所致的機體損傷的補償機制，以便提高自己生存的能力或實現繁殖成功的需要。例如，蚯蚓、渦蟲等的再生現象就是當有機體遭受損傷後能夠快速修復自體的一種有效適應；普遍存在於昆蟲中的多胚生殖，則是昆蟲透過一個胚的多次無性繁殖而產生大量能夠正常發育為新個體的胚，因而保證物種的延續；幼體生殖也是如此。

　　性需要付出代價，但如果說性是愚蠢的，那麼沒有性似乎是更糟糕的，因為無性大多數情況下都將導致絕滅。

◢ 性的獎賞

自然界中絕大部分的動物和植物都是只能靠有性生殖來繁殖後代的。一個沒有性的世界，不會有男人、女人、鳥兒和青蛙的歌聲，不會有花朵的華麗紛繁的色彩，也不會有那麼多的愛情故事，那將是一個了無生趣的世界。

性的魅力是巨大的，即使是病毒與細菌也懂得「拈花惹草」。一些看似進行無性生殖的單細胞生物往往也是兼具有性生殖的。換言之，它們偶爾也會放縱一次，縱情聲色一回，儘管有時少到每三十代才有一次有性生殖。人體消化道裡的一種叫賈第蟲（Giardia）的寄生蟲，從來沒有被人們抓到過出軌的行為，但是它們還保留著減數分裂的全套基因，這意味著它們可能是趁著研究者不注意的時候偶爾偷偷摸摸苟合一回。這充分說明性是多麼有吸引力。

性帶來的最大好處就是將基因進行重新組合。在產生性細胞的過程中，透過減數分裂把基因變為新的組合。這相當於把一副牌洗好，打亂先前的組合，保證每位玩家摸牌的機率是一樣的。這意味著玩家重摸的牌可能與原來差不多，也可能變成一把爛牌，當然還有可能摸到一副好牌。重新洗牌的結果是增加了後代基因型的多樣性，在多變的環境中，多樣便意味著總有一款是適合的。不適合的淘汰，適合的保留下來，優良的組合被發揚光大。而如果一成不變，現在可能是與環境高度適應的，但環境一旦發生改變，原來的優勢可能就成了災難，滅絕似乎就是必然的結果。也因此，動物界的昆蟲、蛇類、鯊魚中存在一些不需要進行有性生殖的物種，但這些物種的存在歷史都不長。牠們的滅絕速度很快，靠無性繁殖很難生存幾百萬年以上。在哺乳動物中還未發現有透過無性生殖繁殖後代的物種。

性還能將突變產生的優勢在後代中迅速展現出來。基因突變是低頻的，如果有兩個突變同時發生，最可能是發生在不同的個體上，在同一個

個體上發生的機率如同一個人同時被兩道閃電劈中。變異是不定向的，兩個有利變異在一個個體上發生的機會就更小了。如果是無性生殖的群體，發生在兩個個體上的兩個有益的突變是沒有機會結合到同一個個體中去的，但有性生殖讓兩個個體的有益基因結合到一個個體中的機會大得多。如果某一雌性個體產生的卵細胞中含有一個突變產生的有益基因，與之交配的雄性個體產生的精子中有另一個突變產生的有益基因，那麼它們就進入同一個受精卵中，這個受精卵發育成的個體就具有這兩個有益基因。所以，性能讓突變的基因迅速地在群體中擴散開來，因而使群體更好地適應環境，加速進化。

關於有性生殖的優勢我們將會在第 14 章中做更具體的論述，但這些論述的優勢大多是針對族群而言的，或者說性能夠給後代帶來好處。如果性不能給個體帶來獎賞，兩性個體何必去承擔性帶來的高昂成本與風險呢？要知道兩性尋偶、求偶、競爭、交配的過程都是要付出代價的，如果僅僅是為了給群體帶來好處，那個體又何必如此執著地追求性呢？如果個體不想進行性事，那性帶來的好處也就沒有了意義。

所以性必定得有對個體付出的回報與獎賞。我們無法測定動植物對「性」與「愛」的感受，但人類對性與愛的體驗有著無數從生物學以及文學等不同角度的描述。

從生理學的角度來說，人類得到性的回報與獎賞與腦中多巴胺的分泌有密切關係。當男性進行性活動時，中腦的腹側被蓋區（ventral tegmental area, VTA）會活動起來分泌多巴胺，接著多巴胺運輸到大腦的回報中心，使人產生愉悅感。女性在進行性活動時，中腦的導水管周圍灰質（periqueductal gray, PAG）區域被活化，而杏仁核（amygdala）和海馬（hippocampus）的活性降低，這些變化可為女性需要感覺到安全和放鬆以享受性歡樂做出解釋。

在性高潮發生時，無論是男性還是女性，左眼後的外側前額皮質（lateral orbitofrontal cortex）區域將停止活動。這個區域的神經活動被認為與推理和行為控制有關。性高潮時這個區域的活動被停止，也許能使人摒棄一切外界的資訊，完全沉浸在性愛的感覺中。

對於男性來講，射精是使精子實際進入女性身體的關鍵活動，沒有射精的性接觸對於生殖是沒有意義的，所以男性的性高潮總是發生在射精時，即對最關鍵的性活動步驟以最強烈的回報，以最大限度地促使射精的發生。

為了給性活動以最大限度的回報，演化過程發展出了多種神經連結來傳遞性感覺。性器官的神經連結高度密集，光是陰蒂就有 8,000 個神經末梢。而在男女兩性中，傳輸性感覺的神經通路（neural pathway）都不止一條。性活動不僅給人提供生理上的快感，還在精神上提供獎勵，如對異性的欣賞與追求。在戀愛期間，血液中的激素水準、生長因子以及多巴胺等水準均會增加，它們使人產生愉悅感。

正是因為生理和精神的雙重回報，使得幾乎所有的人都無法在一生中完全迴避性活動，無法抗拒有性生殖給我們帶來的巨大驅動力。求偶也就成為自然界中生物存在的普遍現象。

◢ 求偶行為

「男歡女愛」普遍存在於自然界中，用美國著名作曲家科爾・波特（Cole Porter）的話來說：「鳥兒做這事，蜜蜂做這事，連跳蚤也做這事。」

求偶是動物繁衍的前奏，也是動物族群自我選育、優育的基礎。動物的求偶行為即交配前行為，是繁殖行為的重要環節，目的是吸引異性完成交配。動物求偶可透過聲音、炫耀、行為動作、建巢穴、費洛蒙、餵食以及一些其他方式中的一種或多種進行。求偶行為能選擇出合適的配偶，激發異性性活動，具有種間特異性，推動物種進化。

動物求偶行為十分複雜，包含豐富、複雜的生物學資訊。大多數物種是雄性主動向雌性求偶，也有少數是相反的，如鳥類中的瓣蹼鷸科（Phalaropodidae）、三趾鶉科（Turnicidae）、彩鷸科（Rostratulidae）等。還有雄雌同樣參與求偶，如海鳥。動物沒有「語言」，但求偶形式多樣，千奇百怪。

有些動物是靠聲音通信求偶的，常見於存在空間距離使視線受阻的鳥類和視覺欠缺的昆蟲類。鳥類的鳴叫是族群內個體相互溝通的「語言」，具有明顯的節律性變化，發情期的雄性動物發出自己特有的聲音吸引異性。有些鳥類天生一副「好嗓子」，會盡情歌唱（鳴叫）向配偶表達愛意。「兩個黃鸝鳴翠柳」便是黃鸝的情歌。大多數鳴禽（如雲雀、畫眉、百靈等）的雄鳥，在繁殖季節都能唱出某種曲調多變、婉轉動聽的歌聲。而那些不善於鳴唱的鳥類，則常透過一系列單調卻特別的叫聲或透過身體某一部位的特殊結構發出的聲音來求偶，如啄木鳥敲擊枯木發出一連串的聲響來吸引異性。

昆蟲也會鳴曲求偶。透過鳴曲定位，昆蟲可準確而快速地確定異性個體的位置，並及時而迅速地找到異性個體，進而實現交配，比如蟬就是醉心「戀歌」求偶的。盛夏，蟬兒每天都在翠綠的枝頭引吭高歌，演唱

那動聽的蟬曲。蟋蟀、紡織娘等也都有一副「金嗓子」，其演唱技能並不遜色。夏過秋來，一些「金嗓子」鳴聲不減。此時，雄蟲更加賣弄歌喉，唱起一曲曲醉心的「戀歌」，以獲雌蟲的歡心。雌蟲聽到這美妙的歌聲，便循聲而來，以求婚配。有人試驗，把一隻雌蟋蟀放在錄有雄性鳴聲的錄音機旁，錄音機一打開，雌蟋蟀便會朝鳴聲方向微微擺動觸角，還以為是「情郎」在向牠求愛呢！

「稻花香裡說豐年，聽取蛙聲一片」，蛙聲是青蛙求偶的聲音訊號。雄性青蛙的叫聲音域廣闊，氣勢雖不宏大卻持久執著，傳播範圍廣，很容易引起雌性青蛙的注意，將其吸引過來，進行抱對授精，如圖 8-5 所示。

有些動物是靠華麗的外表求偶的。繁殖期間，雌雄的一方（通常是雄性）透過改變體色、羽毛、體型（體色更突出，羽毛更亮麗，體型更鮮明），來從正面或側面在異性面前炫耀，通常見於鳥類、昆蟲類，如發情期的公雞顯露彩色的羽毛、豎起鮮紅的雞冠；孔雀開屏；雄性黃腹角雉（Tragopan caboti）抖動平日藏著的翠藍色肉角；求偶的鶴形目鴇科雄性大鴇（Tragopan caboti）的身形可以從 U 形變為 V 形等。炫耀求偶主要靠刺激異性的視覺，持續時間長，直到成功交配。會炫耀的雄鳥往往有多個配偶，這也與牠們的外表有關。

很多動物會透過行為求偶。雌雄一方（通常為雄性）舞蹈、戲飛、婚飛或雙方透過身體接觸、擊喙、親吻、頭頸交纏、身體相依、競技等行為完成交配，常見於昆蟲、猛禽、水鳥等多種生物，如蝶類戲飛；非洲鴕鳥半蹲半坐，不斷搖晃身體，並把翼、尾羽輪番展示給雌鳥；雄杜父魚等在洞口，咬住經過的雌魚頭部看其是否掙扎，不掙扎者則可以交配；海豹、駝鹿雙雄決鬥；雌雄蟾蜍聚集到池塘、湖泊進行配對和產卵；雄性火雞結伴求偶卻只有其中一隻交配；熱帶大陸的雄性侏儒鳥（Nanantius）、歐亞磯鷸在充當求偶助手時奪取了交配領地，自己參與交配；天鵝、鴨子頭頸交纏、身體相依等。這些行為在雌性周圍進行並刺激雌性對自己的選擇，

但這種求偶方式高耗能、生命受到威脅，獲勝者才能完成交配。

　　某些動物透過建造堅固且華麗的巢穴吸引異性，完成交配，例如，雄性園丁鳥用細枝編織巨大的鳥巢，並用鮮花和各種物件來裝飾以求偶；雌織巢鳥透過觀察雄織巢鳥所建鳥巢的堅固程度選擇雄性，如圖 8-6 所示；沙蟹掘穴，堆成金字塔形，以顯示自己的位置等。雌性透過巢穴選擇雄性可以給產卵、孵化選擇安全的環境，提高後代成活率。另外，有些雄性動物透過反射紫外線吸引異性，而雌性動物利用眼底的紫外線敏感細胞做出反應，如熱帶叢林中的安樂蜥、一些蝴蝶等。

圖 8-5　青蛙的抱對

圖 8-6　織巢鳥築巢以吸引異性

　　某些動物可以向周邊散發化學物質求偶。目前，已知有 250 餘種昆蟲有性引誘現象，利用費洛蒙求偶。多數種類昆蟲是由雌蟲釋放費洛蒙，以引誘雄蟲。例如，雌舞毒蛾分泌的費洛蒙可把遠在 400 公尺以外的雄蛾吸引到自己身邊來；若將雌性松葉蜂放入籠中，置於田間，可招引來多達 11,000 隻雄性松葉蜂。有些種類昆蟲是由雄蟲釋出費洛蒙，以引誘雌蟲。例如，某些斑蛾雄蟲可分泌性費洛蒙，因而「召喚」雌蛾。雄蛾以定型的姿態釋放性激素，召喚雌蛾，特點是「靜」。雌蛾感受雄蛾的資訊，以定型的行為程式尋找雄蛾，其特點是「動」。兩者表現不同，但從生物學意義看，同是求偶行為。

　　餵食求偶是一種比較特殊的求偶方式。一些動物為了能有機會與另一方進行交配，往往攜帶食物給對方，進行利誘，減少其逃跑或攻擊反應的可能性，如雄猴給雌猴獻上野果，雄燕鷗叼著鮮魚送給雌燕鷗；還有的是避免求偶時被異性吃掉。

　　最有趣但在人類看來又是最殘忍的是螳螂的交配。在交配中，雙方一旦交上了尾，雌螳螂便用鍘刀一樣鋒利的前足把雄螳螂緊緊夾住，然後用大顎咬掉雄螳螂的頭，如圖 8-7 所示。奇怪的是，掉了頭的雄螳螂的交尾動作反而更加強烈，據研究可能是由於雄螳螂食道下神經節被切斷，致使交尾的神經衝動變得更加強烈的緣故，結果就在雌螳螂大快朵頤之時，雄螳螂把精莢送入雌螳螂體內，完成最後的生殖使命。雄螳螂的婚禮便是牠的葬禮，從人類道德觀念的角度出發，雌螳螂這種殘忍的殺夫行為是根本無法理解的，但動物世界只遵循自然的法則，不受人類道德理念的約束，即凡是有利於物種延續的事物便都有存在的價值。

圖 8-7　雄螳螂的婚禮就是牠的葬禮

　　無獨有偶，蜘蛛的求偶與交配同樣慘烈。雄蜘蛛在尋找另一半時，有時會上演一場「死亡之戰」。對天性孤獨的蜘蛛來說，要找到合適的伴侶並非易事，但也並非完全沒有希望，雄蜘蛛會跟蹤雌蜘蛛留下的費洛蒙痕跡找到牠。但遺憾的是，如果有許多雄蜘蛛同時出現，戰爭就不可避免，大家以實力說話，用戰鬥來決定最後的勝出者。即使某隻雄蜘蛛在打鬥中占據了上風，艱難的求偶之路也才剛剛拉開序幕。在交尾的過程中，牠還必須時刻保持謹慎，適時地發出適當的訊號，如果雌蜘蛛發出可以接受的訊號，牠就可以大膽行動，否則一步不慎，牠就有可能成為雌蜘蛛的口中食。有幾個種類的雄蜘蛛在交尾完成後會自動奉獻自己。從表面上看，這更像是一種自殺行為，但從進化的意義上來看，雄蜘蛛同時為雌蜘蛛奉獻精子和營養，以確保成功地延續自己的後代。

　　格鬥也是動物求偶的一種方式。在「一夫多妻」制的猴群中，要想成為猴王，除了長得強壯、靈活、英俊外，還要有一手格鬥的好本領。待老猴王年老體弱不再稱職時，成年的雄猴要相互競爭，以靈活的手腳功夫戰上幾十個回合，而雌猴則悠閒地玩耍，一邊大嚼手邊的食物，一邊觀賞這場爭雄格鬥。待見分曉，全勝者必將獲得眾猴的青睞和擁戴，成為繼任猴王，因而也獲得交配權。大象的激烈爭奪絲毫不亞於猴子，長長的象牙

成為格鬥的武器，平添了幾分驚險。另外，鹿的長角也是強有力的進攻工具。然而，有意思的是，無論格鬥持續多久，牠們之間似乎都只是用恐嚇、威脅來趕走對方以達到目的，絕不傷害族群，也不置對方於死地。

動物王國中的「愛情生活」是豐富多彩的，其中有些也是匪夷所思的。

比如跳蚤的求偶。雄性跳蚤很狡猾，它們使用一種偷偷摸摸的策略讓雌蟲就範。雄性跳蚤在求偶時，先是悄悄地接近雌蟲，然後輕輕地推一下雌蟲的頭，雌蟲的反應是轉身逃走，不料卻將後背留給了雄蟲，而這正是雄蟲想要的結果。雄蟲乘機快速溜到雌蟲身下，用觸鬚上的吸盤和腹部的捲鬚將雌蟲強力攏住。整個過程經過精心策劃。雄性跳蚤的性器官是動物世界中最為複雜的，其長長地蜷曲在雄蟲體內，寬度卻只有 1 公釐的百分之一，薄得令人難以想像。以如此複雜的結構來完成受精任務，難怪跳蚤的交尾過程有時會持續好幾個小時。在這漫長的過程中，雌蟲一直努力想要逃離，直到最後完全掙脫。

具有「若為愛情故，生命也可拋」情懷的還有雄蜂。當一群雄蜂圍繞著一隻蜂王打轉時，牠們的短命「人生」便被注定了。雄蜂沒有採蜜授粉的器官，沒有透過採蜜自食其力的能力，也沒有蜜蜂所獨有的尖刺。當交尾的機會到來時，成百甚至上千的雄蜂圍繞著蜂王打轉，競爭相當激烈。在競爭中獲勝的雄蜂也同時失去了繼續生存的機會——交尾後，雄蜂的性器官被撕掉，留在蜂王的體內。

為愛而死可謂是壯舉，但也有找不到愛就死去的。

深海裡有一種魚叫鮟鱇魚。鮟鱇魚廣泛分布在溫帶、亞熱帶的海底，生活在 50～100 公尺的深海。但奇怪的是被捕撈的鮟鱇魚幾乎全都是雌性，這是為什麼呢？

原來雄性鮟鱇魚是依附在了雌性鮟鱇魚身上（見圖 8-8）。雄性鮟鱇魚體型非常小，生命也很短暫，最短的只有幾個月。牠們在這幾個月中，必須瘋狂找配偶。雄性鮟鱇魚如果長時間找不到雌性鮟鱇魚依附，其消化

系統會慢慢變差，進而影響正常進食。雄性鮟鱇魚如果幸運地遇到一隻雌性鮟鱇魚，就會用嘴咬住雌性鮟鱇魚的身體，並且釋放出一種消化酶。這種消化酶可以造成一種類似黏合劑的作用，讓雄性鮟鱇魚接入雌性鮟鱇魚的身體循環系統，這樣雄性鮟鱇魚就可以共享雌性鮟鱇魚的營養了。

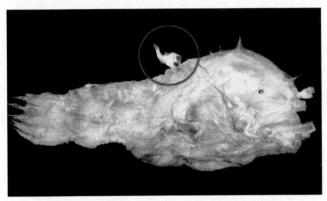

圖 8-8　鮟鱇魚（圖中圈出的是雄性鮟鱇魚）

　　與雌性鮟鱇魚形成共生關係之後，雄性鮟鱇魚會做什麼呢？什麼也不做！找到依附的雄性鮟鱇魚，其眼睛、身體內的臟器都會慢慢退化，只保留繁殖功能。連在一起的雄魚與雌魚構成了一個雌雄共同體，牠們能同時排出精子與卵細胞以便於受精。

　　生物這些千奇百怪的性行為其實只有一個目的，就是有效地透過性將基因傳遞下去，使物種得以延續。

◢ 兩性結合的有性生殖

　　生物求偶的方式多種多樣，生殖的方式也是多樣的。有性生殖方式通常包括卵生、胎生、卵胎生和單性生殖的孤雌生殖等。

- 卵生：卵生代表動物「以量取勝」的生殖策略，如昆蟲、魚、兩棲類、寄生蟲等卵生動物都具有大量產卵的能力，這可抵消卵在體外發育過程中遭遇的各種不利因素的影響。例如，一尾體重 24.5 公斤的鱈魚，懷卵量達 2,800 萬粒；帶魚的懷卵量算是比較少的，但一般也有 2.5 萬～ 3.5 萬粒，而鯉魚約為 10 萬粒。雖然產卵量高，但最後能成活並能夠繁育後代的個體不多，原因是產出的卵在體外並不可能全部受精，而受精卵在孵化過程中會受外界環境變化（水溫、含氧量等）的影響不能全部孵化，即使孵化出來，個體在生長過程中還要經受環境的考驗和天敵的捕食等。換句話說，每一步均會有損失，所以缺乏保護機制或保護結構的魚類採取的生存策略是高產卵量。

　　動物卵的體積通常較小，表面還有保護結構，這既可抵禦環境不利因素的影響，也可利用環境因素為胚胎發育創造條件。例如，蟾蜍的卵表面有膠性蛋白可防止水分丟失，還有黑色素分布，能更好地吸收光能，增加熱量。魚類的卵有不同的性質，有可使受精卵在水中漂浮發育的浮性卵（pelagic egg）；有可使受精卵黏附於植物體等基質上固著發育的黏性卵（viscid egg）；還有可使受精卵沉於水底發育的沉性卵（demersal egg）。卵的這些特點可大大提高後代的存活率。

　　卵生具有在不利條件下形成休眠卵躲避惡劣條件的生理特性。例如，大量昆蟲在冬季來臨時，因飢餓或不能承受低溫而死亡，但牠們的卵卻能以不同方式保留在自然界中，度過惡劣環境時期，待到春天時節再復甦繼續發育。

　　為減少損失，有些魚類還可分批產卵以適應江河湖泊水質的不斷變

化,甚至有些卵生動物還可以將卵產於其他宿主體內暫時寄生,或者築巢產卵、將卵產於卵袋中等。例如,蜘蛛將卵產於由蛛絲編織成的卵袋中;蚯蚓將卵產於由環帶形成的蚓繭內以更好地保護卵。

卵生動物可以透過卵黃物質的多寡來調節發育形式以適應環境。卵大、卵黃物質多的卵,其足以滿足胚胎發育的營養需要,發育過程一般為直接發育;而卵小、卵黃物質少的卵,其發育過程一般需要變態。這種變態發育雖由先天營養不足所致,但也有適應價值:卵發育至成體的不同階段可以充分利用差異化的環境資源,不同發育階段的蟲體還可藉不同形態、保護色等避免全部被天敵捕食之厄運。

胎生:胎生動物的幼體發育需要依賴母體的營養物質供給。哺乳動物的特徵之一即胎生。除哺乳動物外,胎生也存在於某些昆蟲、魚類中。胎生的適應意義在於為胚胎發育提供了更為安全、有效的保護,胎生動物的胚胎透過母體與胎兒之間共同形成的胎盤結構從母體獲得更多、更豐富的營養物質,因而擺脫對外界環境的依賴,充分地提高了幼體存活率,胚胎發育也更充分。胎生動物產仔數雖然比較少,但後代的存活率普遍較高,因此胎生動物在生殖競爭中選擇了「以質取勝」的生殖策略。

很多胎生動物從出生就能站立行走,如斑馬、羚羊等落地幾分鐘就可以在草原上縱橫往來,但也有些胎兒在發育很不成熟的情況下就出生了。例如,袋鼠是一種胎生動物,但胎兒在子宮裡的時間並不長。就拿澳洲最大的大袋鼠來說,母體懷孕 5 ～ 6 個星期就會分娩。剛出世的幼兒發育很不完全,赤裸裸的,一點毛也沒有,渾身鮮紅柔軟,只有人的大拇指那麼大。剛生出的小東西緩慢地爬到母親的育兒袋中,留在那裡,靠乳汁生活(見圖 8-9)。剛出生的幼體,只要找到一隻乳頭就含住不放。由於乳房生就一種特殊的肌肉,以致乳頭的末端深深地塞到幼仔的喉嚨裡,想吐都吐不出來了,於是幼仔便這樣懸掛在

乳頭上。這時,乳頭四周的肌肉做有規律的自動收縮,把乳汁噴射到幼獸的口內。

圖 8-9　出生後的小袋鼠離不開母親的育兒袋

- **卵胎生**:卵胎生在田螺、食蚊魚、海蛇、鯊魚、蜥蜴、蚜蟲等動物中普遍存在。卵胎生動物的幼體在發育過程中不與母體發生營養物質的交換。卵胎生方式的選擇與物種系統進化有關。例如,海洋爬行動物的羊膜卵需要氧氣,不能忍受缺氧的水環境,所以海洋中生活的爬行動物要不是回到陸上產卵,就是選擇將卵留在母體內孵化。比如,魚龍由於高度適應海洋游泳生活,四肢已經特化而無法登陸。因此,其生殖方式改為卵胎生,即魚龍的卵在母體內孵化成幼體後再排出體外,周氏黔魚龍即一例證。這種孵育幼體的卵胎生生殖方式也時常見於魚類,如軟骨魚的鯊魚類,其祖先生活在淡水環境中,在進化過程中,雖成功遷入海水中生活,但其所排的卵仍保留了在淡水生活狀態下的低滲特性,不能在高滲的海水中存活,所以這類鯊魚只能轉變為卵胎生或胎生。此外,卵胎生方式還與動物特定的生活棲息條件密切關聯,在高海拔森林區域生活的蛇,因受低溫影響,單純靠自然環境

溫度難以將卵孵化成功，所以採用卵胎生生殖來克服環境長期低溫對胚胎發育的制約。有些爬行動物還能依據海拔不同轉變生殖方式以主動適應特定環境。例如，西藏沙蜥在海拔 2,000～3,000 公尺的區域以產卵方式生殖，當其棲息地升高到海拔 4,000～5,000 公尺時，便轉變為卵胎生生殖。

可見，卵胎生方式的適應性主要表現在透過延長受精卵在母體內的發育時間，使母體對胚胎造成較好的保護和孵化作用：一方面，這種生殖方式可以最大限度地減少外部不利環境因子的破壞性影響；另一方面，在母體內發育可以保證胚胎正常發育所需要的溫度，減少動物體對外界發育條件的依賴，有利於後代存活。卵胎生動物的產仔數也比較少，也屬於「以質取勝」的生殖策略。

‧ **孤雌生殖**：孤雌生殖是指雌性個體產生的卵無須受精，便可發育成新雌性個體。植物也可能有類似的情形，但植物受精作用的細節多少有些不同，所以這個定義只適用於動物。孤雌生殖有三種類型：一是偶發性孤雌生殖。偶發性孤雌生殖是指某些動物在正常情況下行兩性生殖，但雌性偶爾產出的未受精卵也能發育成新個體的現象，常見的如家蠶、一些毒蛾和枯葉蛾等。二是恆定性孤雌生殖。恆定性孤雌生殖也稱永久性孤雌生殖。這種生殖方式在某些動物中經常出現，而被視為正常的生殖現象。可分為兩種情況：在膜翅目的蜜蜂和小蜂總科的一些種類中，雌成蟲產下的卵有受精卵和未受精卵兩種，前者發育成雌蟲，後者發育成雄蟲。有的昆蟲在自然情況下雄蟲極少，甚至尚未發現雄蟲，幾乎或完全行孤雌生殖，如日本棘竹節蟲（Neohirasea japonica）。三是週期性孤雌生殖。週期性孤雌生殖的動物通常在進行一次或多次孤雌生殖後，再進行一次兩性生殖。

孤雌生殖在特定條件下具有不可替代的適應性意義，主要展現在：

A. 在族群缺少雄性個體，或者雄性個體壽命較短，雌性個體難於

透過兩性結合方式來完成繁殖的情況下，透過孤雌生殖就可以實現繁衍群體、擴大族群數量的目的。

B. 防止族群數量急遽波動，維持族群結構的動態平衡。雄性個體在一個族群內占比過高，往往引起強有力的競爭，易致族群動盪。例如，蜂群中雄蜂的數量由蜂王的孤雌生殖決定，這可以避免蜂群經常性的分群現象產生。

C. 成為擴大分布的一種新形式。如果單一雌體因偶然因素漂移到新環境，透過孤雌生殖方式便可獲得大量後代，對擴大族群、占據環境空間具有重要適應價值。

在漫長的進化歷程中，生物進化出了多種多樣的生殖方式。但是，僅有這些多樣的繁殖方式還不夠，生物還進化出了千奇百怪的招式，以保障這些繁殖方式得到有效進行。

◢ 操縱

　　貓是老鼠的天敵，如果說一隻老鼠聞到了貓尿的味道而迅速逃離，那是一件天經地義的事。但是如果說有一隻老鼠見到貓不僅不害怕，而且還會被貓尿的味道吸引，這可能就是奇聞了。

　　然而這樣的事確實存在。老鼠不怕貓，不是老鼠變得強大而不再把貓放在眼裡，而是因為老鼠體內有了一個操縱者 —— 弓形蟲。

　　剛地弓形蟲（Toxoplasma gondii）是一種幾乎可以感染所有恆溫動物的寄生蟲，但是這種弓形蟲的繁殖能力只能在貓的體內延續下去。剛地弓形蟲透過在宿主體內複製自己進行無性繁殖，只有在貓的體內才會進行有性繁殖，並產生新的卵囊，因而可以繼續尋找新的宿主。受感染的貓會透過糞便傳播卵囊。卵囊具有雙層囊壁，是一種生命力非常頑強的小生物，對酸、鹼、消毒劑均有相當強的抵抗力，在極端惡劣的環境中能存活一年之久。當齧齒動物、鳥類或其他動物吞食了卵囊以後，牠們就會被感染；動物也可能因為吞食了受感染的動物的肉而被感染；人類如果食用了未煮熟的肉類、未洗乾淨的蔬菜，或者處理了貓砂，也可能攝入卵囊，如圖8-10 所示。一旦動物被感染，弓形蟲細胞就會透過血液遍布全身，進入動物的肌肉和腦細胞中。這聽起來有點兒恐怖，但是對於大多數人來說，這種感染通常被認為是良性的（但越來越多的研究表明，弓形蟲也會影響人的行為與健康）。與此同時，弓形蟲感染也是極其普遍的疾病，世界有近一半的人口被弓形蟲感染過，而且弓形蟲感染肆虐之處有可能是你完全想不到的地方。

　　但是，既然弓形蟲的有性生殖只能在貓的體內進行，那麼在其他動物體內寄生的弓形蟲是如何回到貓的體內的呢？

　　原因就是弓形蟲在操縱。剛地弓形蟲可謂熟練的宿主操控能手，尤其是在操控老鼠方面。

當老鼠吃了被感染的貓的糞便時，寄生蟲便會以其慣用的伎倆進入老鼠的肌肉和腦細胞中。一旦進入老鼠的大腦，寄生蟲就會對老鼠的行為產生深遠的影響。首先，老鼠會變得肥胖而又無精打采。然後，牠就會失去對其天敵 —— 貓的天然恐懼，如圖 8-11 所示。事實上，一些研究已經表明，受感染的老鼠非但沒有逃離有貓尿標記的地方，反而會被貓尿的氣味吸引。

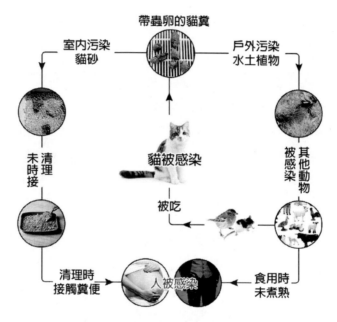

圖 8-10　弓形蟲感染途徑

圖 8-11　被弓形蟲操縱的老鼠不再怕貓

感染了弓形蟲的老鼠的古怪行為是如何產生的呢？

研究者將弓形蟲植入一隻實驗鼠的體內，弓形蟲從老鼠的內臟進入神經系統，大約用了 6 週的時間。它們在老鼠體內形成了卵囊，最後占據了整個鼠腦。接著，研究者發現，弓形蟲會占據腦部杏仁核裡的神經元樹突，也就是神經元相互連結的分支和線路，並扼殺這些樹突，藉此切斷大腦迴路，使那裡的細胞變少。弓形蟲會活躍於大腦中與恐懼至關重要的區域，因而消除對捕食者的恐懼感。奇妙的是，感染弓形蟲的老鼠對於其他牠原來畏懼的事物的恐懼感依然存在，如牠們依然畏懼在白天與空曠的場所活動。可見，弓形蟲只是摧毀了某種特定的恐懼反應。

在動物大腦杏仁核既存在與恐懼有關的迴路，也存在與性相關的迴路。弓形蟲感染的小鼠腦部，與恐懼相關的迴路被抑制，而與性相關的迴路卻被活化。把感染了弓形蟲的雄鼠放到大量貓費洛蒙旁邊，牠們的睪丸就會變大。弓形蟲以某種方式讓貓尿對齧齒動物產生性喚起效果。

研究者發現，弓形蟲的基因組裡存在著一個酪氨酸羥化酶（Tyrosine hydroxylase）基因，這種基因能控制合成酪氨酸羥化酶，而酪氨酸羥化酶可用於催化多巴胺的合成，多巴胺是大腦裡的一種神經傳導物質，主導回報和對回報進行預期。弓形蟲進入神經系統後，會釋放酪氨酸羥化酶，因而活化與喚起了小鼠的性迴路。

弓形蟲透過操縱宿主小鼠的行為，使自己能從小鼠體內進入貓的體內，因而實現有性生殖，可以說是煞費苦心。操縱宿主不只是弓形蟲的行為，在寄生生物中可以說是普遍存在的。

一種原產於中美洲地區的圓蛛（Plesiometa argyra）與其他蜘蛛一樣，會繞著「靶心」織出一張大圓網。這種蜘蛛與一種名為 Hymenoepimecis argyraphaga 的黃蜂之間存在著寄生關係。這種寄生關係是科學家威廉・埃伯哈德（William Eberhard）潛心研究的課題。下面就是科學家揭示的圓蛛與黃蜂的故事。

圓蛛在哥斯達黎加的叢林中自由自在、快樂地生活著，每天織著圓形的蜘蛛網，並將自己掛在網中心，等待著自投羅網的獵物，然後將其包裹起來以備日後慢慢享用。直到有一天，黃蜂不知從哪兒突然飛了過來，乘其不備螫了圓蛛一下，圓蛛立馬被麻痹。這時，黃蜂乘虛而入，迅速在圓蛛的腹部產下了一顆蟲卵。10～15分鐘後，圓蛛甦醒過來，又開始繼續織網、捕獵。可憐的圓蛛完全不知道，從黃蜂第一次將毒針炙向牠的那一刻開始，牠的命運就被改變了。成年黃蜂存放在蜘蛛體內的卵很快孵化成為幼蟲。幼蟲開始在蜘蛛的腹部打洞，慢慢吸乾牠的血。在接下來的幾天裡，黃蜂幼蟲一直依靠著蜘蛛生存，而蜘蛛一如既往地織著網，渾然不覺。

然後，當黃蜂的幼蟲準備做繭，並開始完成其轉化為成年黃蜂的最後一個階段時，黃蜂幼蟲便向圓蛛的體內注入一種化學物質，這徹底改變了蜘蛛的行為，成功地將牠變成自己的奴隸。此時的蜘蛛不再織圓形的網，而是在相同的幾根網絲上來回移動，如此反覆編織多次，最終織出一張可以保護黃蜂幼蟲的繭的特殊之網。之後在午夜時分，蜘蛛坐在這個特別的網的中心位置，一動不動。接下來就是黃蜂幼蟲的「獨角戲」了。

黃蜂幼蟲殺死了一動不動的圓蛛，並把牠徹底吸乾。飽餐一頓之後，牠將圓蛛的空殼無情地丟棄在叢林的地面上。第二天晚上，黃蜂幼蟲做出一個繭，把自己緊緊裹住，繭懸掛在由死去的圓蛛編織的加固網中，幼蟲進入了牠生長期的最後階段。大約一個半星期以後，一隻成年黃蜂終於破繭而出。

目前，研究人員還未完全確定黃蜂幼蟲是如何迫使圓蛛改變其本能的織網行為的。需要明確的一點是，圓蛛並非完全另闢蹊徑進行織網，牠重複編織特殊「繭網」的步驟其實也是編織正常蛛網所必經的基礎步驟的前兩步，牠只是一遍又一遍地重複著這兩個基本步驟，就像某首歌曲不斷地循環播放一樣。埃伯哈德博士認為：「黃蜂幼蟲可能是透過某種生化物質

操控了蜘蛛的神經系統，導致蜘蛛只執行了織網子程序的一小部分（通常只編織圓形網狀結構的一部分），與此同時壓制了其他所有的程序。」

此外，埃伯哈德博士的研究也明確地告訴我們，無論黃蜂幼蟲注入蜘蛛體內的生化物質起著何種作用，這種作用起效很快，並且會持續一段時間。在實驗室研究中，在蜘蛛開始織「繭網」，但是織網活動還未結束（也就是在黃蜂幼蟲已經對蜘蛛實施了精神控制，但是還未殺死牠）時，研究人員將寄生在蜘蛛體內的黃蜂幼蟲取了出來，可憐的圓蛛又繼續織了幾天的「繭網」，直到牠「神志清醒」，才恢復正常的織網程序。

自然界中操控宿主的例子不勝枚舉。有種叫做藤壺的寄生蟲，牠會騎在雄蟹的背上並將雌激素注入雄蟹體內，直到雄蟹的行為雌性化。這樣一來，雄蟹就會在沙子裡挖一個洞放卵，儘管牠根本就沒有卵。但雄蟹被藤壺控制了，牠為藤壺建了一個窩。

寄生蟲對宿主的操縱似乎讓人覺得不可思議，但其實這也沒有什麼值得大驚小怪的，因為很多寄生蟲繁殖過程的關鍵一步都離不開它。我們人類也會被寄生生物所操縱，無論是細菌還是病毒，侵入我們的呼吸道就可能會使我們咳嗽或打噴嚏，侵入消化道可能會讓我們嘔吐或腹瀉，皮膚的感染則會引起我們的搔癢並讓我們用手去抓。

對於很多寄生蟲來說，所有的努力都將歸結為一點：如何從一個宿主的體內遷移到另一個宿主的體內。如果說寄生蟲為繁殖而進化出的操縱顯得陰險而不實在，那麼另一類生物的自我犧牲行為就得說是悲壯了。

◢ 犧牲自我

帝王鮭是生活在海裡的溯河洄游性魚類。

牠們的親魚在河流的礫石堆中產卵後不久便死去,只留下受過精的帝王鮭卵在水溫 4 ～ 16℃ 下慢慢孵化。剛孵化出的帝王鮭會在牠們出生的礫石堆中停留一個月或更久的時間,等牠們長到足夠大,才會離開出生地,向河的下游游去。有些幼魚會立即降河洄游,另一些則需要在淡水環境中繼續停留 2 ～ 12 個月,才會游向大海。

通常,在海中生活 4 ～ 5 年後,帝王鮭性成熟,便要做最後一件事:回家,即回到最初出生的那條河流,產下自己的後代。

於是,在海中的帝王鮭集結起來,如春運的返鄉大軍一樣浩浩蕩蕩地向出生的河流游去。洄游期間牠們停止攝食,體色也由原來的銀色變成了暗灰色直至紅色或紫色。雄魚的上下顎變成了鉤狀。逆流而上到河流上游的出生地,意味著有時要跨越瀑布等障礙物。對此,帝王鮭並不擔心。牠們強有力的尾鰭會猛力擊水,憑藉超高的游泳速度躍出水面,並越過障礙物。帝王鮭躍起的高度甚至可以達到 2 公尺(見圖 8-12)。這樣一路上跨過重重障礙,帝王鮭最終到達此次旅程的終點,也是生命的終點 —— 牠們的出生地。

圖 8-12　溯河而上的帝王鮭

在這裡，雌魚要產下的魚卵幾乎占體重的三分之一。精選完伴侶後，帝王鮭便會交配。然而，牠們在交配的過程中不會有任何身體接觸，就像在玩一種「平行遊戲」。首先，雌魚在河底水流較急的沙礫處挖坑（即帝王鮭的產卵區）。牠側著身體，用尾鰭來回拍打沙礫，築成一個產卵坑。然後，帝王鮭夫妻分工合作：一個在坑裡產下卵子，另一個在卵子上釋放精子。當然，帝王鮭不會輕率地把所有「雞蛋」都放在一個籃子裡。當完成第一次交配後，雌魚和雄魚會一同離開，到其他地方挖產卵坑。牠們會多次重複這類平行遊戲，直到完成各自的使命。

由於雌魚攜帶的卵細胞遠大於雄魚的精細胞，雌魚更容易耗損精力，因此雄魚一般有多個配偶。牠們就這樣不停地繁殖後代，直到耗盡精力，死在河床上。帝王鮭最終用類固醇殺死自己。

帝王鮭一生只能繁殖一次，所有抵達產卵地的帝王鮭都將在牠們誕生地結束牠們的一生。作為一種溯河洄游的魚類，帝王鮭生於河，長於海，待到發育成熟後，又回到自己所出生的溪流，產下卵後便死去，牠們為種族繁衍獻出了寶貴的生命！一代一代，周而復始。少小離家老大回、葉落歸根，大概是帝王鮭的寫照。

帝王鮭為什麼會在產卵後死去呢？原來當到達產卵地時，成年帝王鮭的新陳代謝系統已瀕臨崩潰。牠們在溯河返回出生地時已停止進食，而腎上腺分泌出的類固醇（即糖皮質激素）將致使牠們急速老化。此外，類固醇還會導致免疫系統崩潰，使牠們飽受全身性真菌感染的困擾。牠們的腎臟會萎縮，鄰近細胞（稱為腎間質細胞，與類固醇有關）將大量增生，循環系統也會受到影響，動脈發生損傷，這也就不可避免地使牠們走向了生命的終點。

章魚的生命故事同樣十分感人。牠們的生命較短暫，不同種屬的章魚的壽命從幾個月到幾年不等。

雌章魚在發出特殊訊號後，引來雄章魚。雄章魚一般會展示自己巨大

的吸盤，像是在展示自己的魅力一樣。假若遇到體型比較大的雌章魚，有可能被其攻擊甚至被吃掉，此時的雄章魚會把自己變成蒼白色，小心翼翼地接近雌章魚，在確認雌章魚許可的情況下，開始用觸手包裹雌章魚。你可能會問雄章魚的性器官在哪裡？答案是沒有。對，章魚並沒有一個特用的性器官，唯獨有一隻特殊的觸手，也叫交接腕，交配時交接腕直接從自己體內取出精蛋，再伸進雌章魚的外套腔，完成獨特的交配。這隻交接腕不同於其他觸足，它在最前端位置，有部分沒有細小的吸盤，但留有溝槽，用來拿取自己的精蛋完成交配。

　　雄章魚一生只交配一次，交配完之後就耗盡了畢生的體力。就好比完成了自己的使命，連東西都不再吃，準備迎接死亡。雌章魚悉心守護著牠的卵寶寶。如果環境不適宜，牠可能會吃掉那些卵，再另尋更合適的產卵時間或地點。一旦意識到時機成熟，雌章魚就會停止進食，寸步不離地守護著藏有卵的洞穴，驅趕捕食者。章魚媽媽能以這種不吃任何東西的蟄伏狀態守護著洞穴好幾年，而一旦小章魚孵出，牠就會在幾天內死去，如圖8-13 所示。

圖 8-13　章魚繁殖後也會死去

　　現在人們知道，章魚媽媽並非死於飢餓。她的死亡與體內的兩個內分泌腺有關。儘管與眼睛並無關係，但這些內分泌腺被稱為視腺，其分泌物

控制著交配、母愛行為和死亡。透過手術摘除視腺後，章魚媽媽的壽命就可以延長。如果只摘除其中一個視腺，經歷了孵化期的章魚媽媽仍能在不吃任何東西的情況下多活 6 週。如果摘除兩個視腺，並開始進食，章魚媽媽不僅能恢復體力，還能恢復原來的體形，並存活 40 週以上。章魚的犧牲精神已刻入了基因之中。

單細胞的酵母細胞個體也會為彼此的利益自我犧牲。不過，它不是為了後代，而是為了兄弟姐妹。保存了兄弟姐妹，也就意味著保住了種族，從這個角度來說，酵母菌的自我犧牲也是為了族群的繁衍。

酵母菌是單細胞真菌。一些酵母細胞透過出芽的方式進行繁殖。它身上會長出一些小的芽細胞，而當這些芽細胞長到一定程度，就會脫離細胞成為新的個體，在環境中繼續生長。酵母細胞繁殖的頻率高達每小時 2 次。一旦從環境中得到豐富的營養，它們就會瘋長。當周圍環境中的糖用完時，大部分酵母細胞會死於飢餓，少部分會形成孢子，等待下一次快速繁殖的機會。科學家發現，在食物短缺期，細胞並不會餓著等死，而會提前採取行動：一旦發現食物短缺，95% 的酵母菌會透過細胞凋亡程式犧牲自己。它們分解軀體，消化自身的蛋白質，把自己變成表（堂）兄弟姐妹的食物。它們提供的能量讓剩餘的 5% 的細胞得以形成孢子（也可能是幹孢子），獲得更好的保護，並有機會開啟新生命。

為了繁殖，進化迫使某些生物體做出選擇：犧牲自己的生命，確保它們的孩子或其他至親能夠繼續生存下去。從進化的角度看，讓基因的單個攜帶者失去生命，以保存族群大家庭的更大規模基因存活下來，似乎是理所當然的。

第九章
包容與妥協也是適應

　　適者生存，不適者淘汰，自然選擇造就了適者。生命的適應，讓人對進化選擇的力量深為讚嘆。但適應也是有代價的，代價會抵消它們帶來的好處。自然選擇不斷推動生物向著最優進化，但最優幾乎是不可能達到的。適應在某些情況下是一種進步，但在另一些情況下可能就是一種不利因素。

◤ 直立行走的利與弊

雙足直立行走與碩大的頭部是人類與近親動物的兩個重要區別，有了這兩個特徵，人才看起來有模有樣。

對於人類從四足行走變為雙足行走的原因有很多假說，比較典型的觀點是「疏林草原假說」（savanna hypothesis）。這一理論的支持者認為，我們的類人猿祖先之所以放棄黑暗的非洲森林，遷徙到遼闊無邊的大草原上，也許是因為氣候變化導致了大規模的環境變化，從而驅使他們做出了這種選擇。在森林裡，食物品種豐富，各種水果、堅果一應俱全。但是當他們來到熱帶疏林草原以後，生活頓時變得艱難起來，所以我們的祖先不得不尋找新的途徑來獲取食物。於是，男性祖先開始勇敢地在草食動物群中狩獵。如此一來，他們不但需要環視四周、尋找食物或者提防掠食者，還要為了食物和水源長途跋涉，這些新的情況組合在一起，使得熱帶疏林草原上的原始人類開始兩足直立行走，如圖 9-1 所示。

兩足行走帶來的第一個明顯優勢是，雙腳站立可以更易於採摘某些果實。以紅毛猩猩為例，牠們在樹上吃東西時，有時是近乎直立地站在樹枝上，膝蓋伸直，一隻手抓住一根樹枝，另一隻手則用於摘取垂下來的食物。黑猩猩和一些猴子在吃低垂下來的漿果和果子時，也會以相似的方式站立。因此，兩足行走最初可能是一種姿勢的適應。可能是由於在食物獲取方面存在激烈競爭，能夠更好地直立站立的早期古人類在食物貧乏的季節能採摘到比較多的食物。在這種情況下，早期古人類由於髖關節更面向側方以及其他有助於保持直立的特徵，使他們在直立時比其他種系更具優勢，因為他們消耗的能量較少，能節省更多體力，並且站得更穩。同樣，能更有效地直立站立和行走，可能有助於古人類攜帶更多的果實，就像黑猩猩在競爭激烈時所做的那樣。

圖 9-1　人進化出了雙足直立行走的特點

　　兩足行走帶來的第二個優勢可能更重要，那就是用兩條腿走路可以幫助早期古人類在遷徙時節約能量。最後的共同祖先可能是用指背行走的，指背行走絕對是一種奇特的四肢行走方式，並且也是一種很消耗能量的方式。在實驗室研究中，研究人員引誘黑猩猩戴著氧氣面罩在跑步機上行走，發現這些猿類行走同樣距離所消耗的能量是人類的 4 倍。如此顯著的差異是因為黑猩猩腿短，並且牠們行走時會左右搖擺，髖關節和膝關節都是彎曲的。其結果是，黑猩猩需要不斷耗費大量能量來收縮其背部、髖部及大腿肌肉，以防止摔跤或跌倒在地。不足為奇的是，黑猩猩行走的距離也相對較短，一天大約只走 2 ～ 3 公里。消耗等量能量的情況下，人類可以行走 8 ～ 12 公里。因此，如果早期古人類兩足行走時姿態穩定，並且髖關節和膝關節較直，那麼與其他用指背行走的表親相比，就會在能量上獲得優勢。當雨林面積萎縮，分布零散，且對外更為開放，導致猿類喜歡的食物變得越來越稀少和分散時，能夠用等量的能量走得更遠就成了一個非常有益的適應。

　　但兩足行走的缺點也相伴隨而來，一個主要缺點出現於應對懷孕時。無論是四條腿還是兩條腿的懷孕的哺乳動物，都必須負擔不少額外體重，

這些體重不但來自胎兒,也來自胎盤和額外的液體。足月妊娠時,人類孕婦的體重增加多達 7 公斤。但不同於懷孕的四足動物,這個額外的重量使得人類孕婦有摔倒的可能,因為她的重心落在髖部和腳的前方。任何懷孕的準媽媽都會告訴你,她懷孕期間走路不太穩,也不太舒服,她的背部肌肉必須更多地收縮,這種狀態也很疲勞,或者必須使身體向後,把重心移回髖部上方。儘管這種特徵性的姿勢可以節約能量,但對下背部的腰椎帶來了額外的剪應力,因為腰椎要極力避免彼此之間的滑動,因此腰背痛是折磨人類母親的一個常見問題。然而我們也可以看到,自然選擇幫助了古人類來應付這額外的負擔,其方式是增加楔形椎體的數量:女性有三截,男性有兩截,女性的腰椎下段呈現弧形。這個額外的彎曲減輕了脊椎的剪應力。自然選擇也青睞於腰椎關節得到加強的女性,以便承受這些壓力。

兩足行走帶來的另一個缺點是速度的損失。當早期古人類採用兩足行走時,他們就放棄了四足馳騁的能力。根據一些保守的估計,不能四足奔跑使我們的早期祖先快跑時的速度大約只有一般猿類的一半。此外,雙肢遠不如四肢穩定,因此奔跑時也很難快速轉身。肉食動物,如獅子、豹和劍齒虎很可能會大肆獵食古人類,這使得我們的祖先進入開闊的棲息地要冒著極大的風險,風險大到甚至有可能全部滅絕,也就談不上我們這些後代了。兩足行走可能也限制了早期古人類敏捷爬樹的能力。儘管很難確定,但早期兩足人類很可能無法像黑猩猩那樣在樹林中躍躍獵食。放棄了速度、力量和敏捷性,自然選擇提供了條件,最終在幾百萬年後使我們的祖先成了工具製造者和耐力長跑者。

直立以後還讓我們的腳變得有苦難言。身體的所有重量將不得不由這兩個強大的底座承擔,這使得腳成了專業性極強的工具,除了負重與走路外,再沒別的事做——其他靈長類動物的腳還具有靈活的抓握功能。為了適應直立承重,人類的腳部骨骼增大,特別是腳後跟比所有靈長類動物的都要強大,體重 60 公斤的女性的腳骨比 100 多公斤的大猩猩的腳骨還

大。增強版的腳骨可以分擔來自上部的壓力，但骨頭一大，密度就容易跟不上，而腳跟主要由稀鬆的網狀海綿骨組成，這就帶來了另一個嚴重的問題——骨骼組織暴露面積增加，鈣流失加快，年老以後極易骨折。很多高個子籃球明星的退役時間比其他運動員要早，不是因為他們不想打，而是因為不能再打，他們的身體對腳部的壓力過大，骨密度容易跟不上，骨折的風險也就更高。

直立行走帶來的麻煩還有一大堆，比如奔跑時下肢承受的壓力接近於體重的好幾倍，所以骨骼磨損嚴重，老來難免身體狀況不好；久站會使肛門血壓增加，容易形成痔瘡，有一種病叫哨兵痔，就是長久直立造成的；本來動物的內臟都是平放的，現在由於直立行走，內臟被吊了起來，結果各種內臟受到重力作用就容易下垂，諸如胃下垂、腎下垂、子宮下垂、小腸下垂等，都是人類獨有的常見病，搞不好連心臟都有下垂的風險，而四肢行走的動物完全沒有下垂的麻煩。

儘管兩足行走有很多劣勢，但直立行走和站立的好處一定是在每個進化階段都超過了其代價的。直立行走是自然選擇賦予我們的金鑰匙，它不經意間打開了一個巨大進化的開關，從此開啟了不可逆轉的演化進程，持續刺激人體的其他特徵不斷出現，指引著人類大步邁向文明。

適應是相對的，生物在獲得某種優勢的同時，也往往喪失了另一種好處，或者在另一方面需要付出代價。在加拉巴哥群島上的地雀中，粗喙不便於吃仙人掌果，細喙不便於吃堅硬的種子，不粗不細的喙吃這兩種食物都不方便。隨著降雨、溫度、食物、獵食者、獵物和其他因素每季、每年以及在更長時間跨度內發生著大小幅度不同的變化，每種特徵的進化適應價值也會改變。妥協的一個後果是，自然選擇很少會達到完美或根本不會達到完美，因為環境總是在不斷發生變化。

優勢是相對的，劣勢也是相對的。有時候看似要命的劣勢，卻也會帶來另一種補償。

◢ 瘧疾與遺傳病

瘧疾是一種傳染病，每年的感染者達 5 億之眾，其中會有 100 多萬人死亡。世界上有一半以上的人口生活在瘧疾普遍流行的地區。如果不幸感染了瘧疾，你會經歷可怕的、週期性的全身發冷、發熱、多汗，並伴隨關節疼痛、嘔吐和貧血等症狀。最終，它會導致人昏迷和死亡，在兒童和孕婦中尤甚。

瘧疾的病原體是瘧原蟲（與動物有某些相似性的微生物），瘧原蟲會透過雌性瘧蚊（Anopheles）的叮咬（瘧蚊又叫按蚊，雄蟲不會叮咬）進入人體的血液中。瘧原蟲種類繁多，其中最危險的就是惡性瘧原蟲。

但是，並不是每一個被攜帶瘧原蟲的按蚊叮咬的人都會受到感染。1940 年代，英國遺傳學家 J. B. S. 霍爾丹（J. B. S. Haldane）就提出，某些群體，特別是具有鐮刀型貧血遺傳病傾向的人對瘧疾具有更好的抵抗力。

我們在第 8 章中已介紹過鐮刀型貧血症。它是 20 世紀初才被人們發現的一種遺傳病。1910 年，一個黑人青年到醫院看病，他的症狀是發燒和肌肉疼痛，經過檢查發現，他患的是當時人們尚未認識的一種特殊的貧血症，其紅血球不是正常的圓餅狀，而是彎曲的鐮刀狀。後來，人們就把這種病稱為鐮刀型貧血症。

1949 年，萊納斯・鮑林（Pauling Linus）和 Harvey Itano 發現鐮刀型貧血與血紅素結構異常相關，病人的血紅素所帶的電荷不同於正常人的血紅素。與此同時，詹姆斯・尼爾（James Neel）發現鐮刀型貧血是一種符合孟德爾定律的疾病。1956 年，Ingram 又證明了鐮刀型貧血患者僅僅是單個胺基酸替換。Ingram 用胰蛋白酶將正常的血紅素（HbA）和鐮刀狀細胞的血紅素（HbS）在相同條件下切成若干肽段，透過對比兩者的電泳雙向層析圖譜，發現有一個肽段的位置不同。HbA 和 HbS 的 a 鏈是完全相

同的，所不同的只是 b 鏈上從 N 末端開始的第 6 位的胺基酸殘基，在正常的 HbA 分子中是谷胺酸，在病態的 HbS 分子中卻被纈胺酸所代替。

在 HbS 中，谷胺酸被纈胺酸代替，這相當於在 HbS 分子表面安上了一個疏水側鏈。這一變化致使血紅素的溶解度顯著下降，但對氧合形式並無影響。伸出 HbS 分子表面的纈胺酸創造了一個「黏性」突起，與另一個 HbS 分子透過疏水作用而聚集沉澱。電子顯微鏡觀察表明，沉澱由直徑為 21.4 奈米的纖維組成，每根纖維是一個 14 股 HbS 鏈的超螺旋。纖維沉澱的形成壓迫細胞質膜，使它彎曲成鐮刀狀。

鐮刀狀紅血球不像正常細胞那樣平滑而有彈性，因此不易透過微血管。在氧壓力低的微血管區，鐮刀化的程度將增加，某些細胞破裂，在血管中形成凍膠狀血流，血流變慢又使組織中的氧壓進一步下降，生成更多去氧 HbS，加重細胞的鐮刀狀化，引起局部組織器官缺血缺氧，產生脾腫大、胸腹疼痛等臨床表現。這是鐮刀型貧血患者死亡的主要原因。

鐮刀型貧血是一種致死性疾病，純合子（homozygote）患者有的在童年就死去，雜合子（heterozygote）患者的壽命雖也不長，但卻能抵抗一種流行於非洲的瘧疾，而這種瘧疾對攜帶正常血紅素基因的純合子個體致死率很高。雜合子患者之所以對瘧疾有一定的抗性，是因為雜合子患者可加速被感染的紅血球的破壞，從而中斷瘧原蟲的生活週期。雖然鐮刀型貧血的基因會導致死亡，但它能抵抗瘧原蟲，因此，自然選擇沒有淘汰致病基因，而是包容並保留下來，其結果是在瘧疾好發地區純合狀態的有害作用和雜合狀態的抗瘧疾作用處於平衡中。

比鐮刀型貧血更能夠抗瘧疾的一種遺傳病叫蠶豆症。地球上大約有 4 億人患有蠶豆症，如此高的患病機率意味著這種致病基因有著相對的優勢而被自然選擇保留。

在極端情況下，患有蠶豆症的人在進食蠶豆（或者服用某些藥物）後會迅速出現嚴重的貧血，並且經常會導致死亡。

蠶豆症病因的研究始於 1950 年代。當時朝鮮戰爭正在進行，考慮到遠東地區海岸線旁的溼地生活著大量攜帶瘧原蟲的按蚊，大多數被派往朝鮮作戰的美軍士兵都會常規服用派馬喹（Primaquine）以預防瘧疾。派馬喹在當時還是一種治療瘧疾的新藥，美國衛生當局原本以為這種新藥能夠避免非戰鬥性減員，沒想到適得其反，相當一部分非洲裔美軍士兵在服藥後死亡。此外，派馬喹還導致 10% ～ 15% 的北非、中東和地中海移民後代的美軍士兵患上急性溶血性貧血。美軍最高醫療長官對此深感不解，他要求 Stateville 監獄的犯人作為「志願者」幫助軍隊找出其中的原因。

因此，Stateville 監獄開始了一系列針對瘧疾的非人道的實驗研究。實驗將犯人分為兩組：第一組是對派馬喹敏感的非洲裔美國人，這些人在服用派馬喹後會出現溶血等反應；第二組則是對派馬喹不敏感的人。研究人員採用輸血的方式將兩組人的血液混合，即將第一組人的血液輸入第二組人，而將第二組人的血液輸給第一組人。輸入的紅血球採用放射性鉻進行標記，以便觀察。實驗的結果是，當第二組人的血液輸入第一組人體後，給這些對派馬喹敏感的人服用派馬喹，輸入的紅血球並沒有發生病理性改變；而把第一組人的血液輸入第二組人後，給這些對派馬喹不敏感的人服用派馬喹，這些輸入的紅血球立刻被破壞了。

為了搞清楚其中的原因，研究人員找到了芝加哥大學的內科醫生卡森（Paul Carson），希望他能解釋實驗中所觀察到的現象。卡森是一個對各類化學物質所引起的生理反應有濃厚興趣的科學家，同時他也是一個擅長於巧妙設計實驗的人，因此他正是軍方所需要的專業人員。當時，其他一些研究瘧疾的科學家已經提出，那些對派馬喹過敏的人可能存在某種紅血球缺陷，這種缺陷也許來源於遺傳，也可能源自其他因素。人們期待卡森針對穀胱甘肽還原酶（glutathione reductase）的研究能夠解開這一謎團，因為穀胱甘肽在保持紅血球完整性方面發揮了核心作用。卡森的實驗表明，穀胱甘肽還原酶在紅血球氧化還原代謝中發揮作用，它可以保證紅血球內

的穀胱甘肽以還原態形式存在，而還原型穀胱甘肽對於維持紅血球膜的穩定性具有重要作用。對於那些缺乏穀胱甘肽還原酶的人來說，派馬喹彷彿造成了扳機的作用，誘發原本就不夠穩定的紅血球被破壞而產生溶血；同時，由於穀胱甘肽還原酶缺陷影響了紅血球的正常氧化途徑，導致瘧原蟲無法獲得足夠的能量，也就無法生長繁殖。

現已清楚蠶豆症患者是因為他們的體內缺乏葡萄糖 -6- 磷酸鹽脫氫酶（簡稱 G-6PD）。G-6-PD 被認為存在於人體的每個細胞中，對於紅血球尤為重要，它能夠保護細胞結構的完整性，清除細胞中的自由基。由於患者紅血球膜的 G-6-PD 缺陷，導致紅血球戊糖磷酸途徑（pentose phosphate pathway）中穀胱甘肽還原酶的輔酶 —— 還原型菸鹼醯胺腺嘌呤二核苷酸磷酸（NADPH）生成減少，使得維持紅血球膜穩定性的還原型穀胱甘肽生成減少而不能抵抗氧化損傷，最終導致紅血球破壞並溶血的一種遺傳病，如圖 9-2 所示。G-6-PD 基因位於 X 染色體上，蠶豆症屬 X 連鎖不完全顯性遺傳。

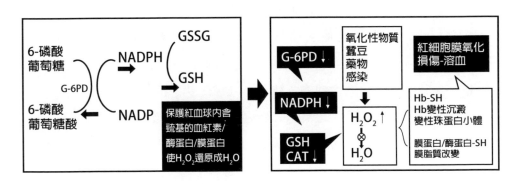

圖 9-2　正常人與蠶豆症患者代謝比較：左圖為正常情況，右圖為患病機制

那蠶豆症與蠶豆有什麼關聯呢？原來，蠶豆中有兩種與糖有關的化合物—蠶豆嘧啶葡萄糖苷（vicine）和伴蠶豆嘧啶核苷（covicine）。這兩種化合物在人體內產生自由基，特別是過氧化氫。蠶豆症患者進食蠶豆以後，就會產生較多的過氧化氫。如果過氧化氫不能在 G-6-PD 的幫助下得

到清除，就會攻擊體內的紅血球，並最終導致紅血球破裂、死亡。一旦發生這種情況，其餘的細胞也會從血管中滲漏出去，導致溶血性貧血，並可能危及生命。

負責 G-6-PD 蛋白生成或導致其存在缺陷的基因與它同名，也叫做 G-6-PD，由於基因位於 X 染色體上，所以這一疾病在男性中的發病率要高於女性。對於男性而言，當他的 X 染色體發生突變時，其所有的細胞都會因該突變而發生改變。而倘若一名女性患有嚴重的 G-6-PD 缺乏症，那麼必須是她的兩條 X 染色體上都發生了突變，如果只有一條染色體上有突變，那麼她體內的部分紅血球依然有正常的基因，另外一些紅血球中則是突變的基因，儘管如此，她仍然能夠產生足夠的 G-6-PD 來避免蠶豆症症狀。

實驗室的實驗結果也證實，如果需要在正常的紅血球與 G-6-PD 酶缺乏的紅血球之間進行選擇，病原蟲總是優先選擇正常的紅血球。G-6-PD 缺乏症患者的紅血球，不僅不適合病原蟲寄生、繁殖，而且與正常人群的紅血球比，也會更快地被從血液循環中清除出去。

瘧疾與 G-6-PD 缺乏症的分布在地理上高度吻合。瘧疾主要在熱帶和亞熱帶地區流行，遍及全球多個國家和地區。G-6-PD 缺乏症主要發生在非洲、中東和亞洲的熱帶地區。中國 G-6-PD 缺乏症的好發地區雲南、廣西、海南也是歷史和現今瘧疾的好發區，特別是中國受境外周邊國家瘧疾影響最為嚴重的中緬等邊境地區是瘧疾最嚴重的地區，也是 G-6-PD 缺乏症好發地區。長期的選擇壓力使瘧疾對 G-6-PD 缺乏症具有了選擇優勢。

在易受瘧疾侵襲的地區，瘧疾會使人死亡，鐮刀型貧血症與蠶豆症也會導致死亡，但帶有鐮刀型貧血基因或蠶豆症基因的個體卻可能因感染瘧原蟲而不得瘧疾獲得選擇優勢。在瘧疾、鐮刀型貧血、蠶豆症之間，進化選擇了妥協。

◢ 兩難的端粒

2009 年，因為發現了端粒（telomere）和端粒酶（telomerase）保護染色體的機理，三位科學家獲得了諾貝爾生理學或醫學獎，頒獎者對其「有望揭開衰老與癌症的奧祕」的高度評價也使端粒與端粒酶吸引了大眾的視線。

什麼是端粒呢？在每條染色體的末端，都有一段鹼基（nucleobase）重複的 DNA 序列，它不帶有任何有意義的資訊，被稱為端粒，如圖 9-3 所示。端粒由 6 個鹼基重複序列（TTAGGG）組成，重複序列數以千計。在一個功能正常的染色體中，端粒尾會自動折疊，形成一個沒有化學反應的整潔末端，使雙螺旋不能打開。這有點像我們鞋帶兩端防止鞋帶散開的小塑膠籖。

端粒的作用當然不只是防止雙螺旋被打開。為了充分地理解它的功能，我們得先回顧一下國中學過的 DNA 複製的相關內容。

真核細胞的 DNA 複製發生在細胞週期的 S 期。在解旋（helicas）的作用下，首先雙螺旋的 DNA 同時在許多 DNA 複製的起始位點局部解螺旋並拆開為兩條單鏈，如此在一條雙鏈上可形成許多「複製泡」，如圖 9-4 所示，解鏈的叉口處稱為複製叉（replication fork）。在 DNA 複製時起關鍵作用的酶是 DNA 聚合酶（DNA polymerase），該酶使游離的脫氧核苷酸準確地與 DNA 上互補的鹼基結合併與早先結合形成的脫氧核苷酸新鏈連接，使新鏈延長。由於 DNA 聚合酶只能將游離的脫氧核苷酸加到新鏈的 3′（而不是 5′），因此 DNA 的複製（DNA 的聚合）總是由 5′向 3′方向進行。

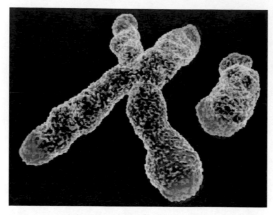

圖 9-3　染色體兩端有端粒

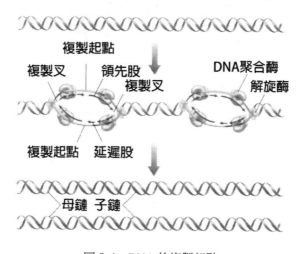

圖 9-4　DNA 的複製起點

在親代 DNA 解旋後的複製叉處，按照由 5′向 3′方向複製的原則，一條子鏈可以連續向著分叉處進行複製和延伸（領先股，leading strand），而另一條子鏈則不能連續向著分叉處複製和延伸（延遲股，lagging strand）。

DNA 聚合酶從頭催化合成 DNA，在合成新的 DNA 單鏈前，先要在 RNA 聚合酶的作用下合成一段 RNA 短鏈〔稱為引子（primer）〕，DNA 聚合酶據此按 5′向 3′方向使游離的脫氧核苷酸加到新鏈的 3′端。DNA 滯

後鏈的複製和延伸不是連續的，而是分段進行的，每合成的一小段片段稱為岡崎片段（Okazaki fragment）。之後，岡崎片段前的 RNA 引子被 DNA 取代，DNA 連接酶（DNA ligase）又使岡崎片段連接成為連續的新鏈，如圖 9-5 所示。

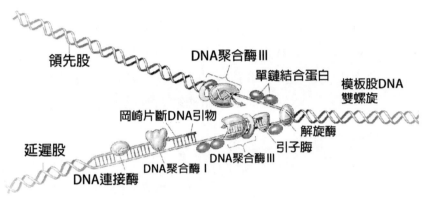

圖 9-5　DNA 複製的過程

　　複製結束後，由一個 DNA 分子形成了兩個完全相同的新的 DNA 分子，這兩個 DNA 分子都含有一條模板股（template strand）和一條新合成的與模板鏈互補的子鏈，DNA 的這種複製稱為半保留複製（semiconservative replication）。

　　但需要注意的是，DNA 合成時必須要有 RNA 引子，「切除後填補」的過程也不例外：鏈中間的引子被切除，前方還有岡崎片段，沿著片段往後填補即可。問題在於鏈最前段沒有可以定位的 DNA，因此引子被切除後無法填補空缺。這種特殊的複製過程導致 DNA 複製後兩條鏈不一樣長，以延遲股為模板的 DNA 丟失了一小段末端序列。如果繼續複製，就會導致末端不斷丟失。如果丟失的是重要的 DNA 序列，就意味著細胞每經歷一次分裂，我們攜帶的遺傳資訊就少一部分。想像一下，現在你的手上有一本手稿需要影印 50 份，但影印店卻有意刁難你，他們沒有向你收取費用，而是每次影印手稿都要拿走最後一頁，那麼問題就來了，你的手

稿有 200 頁，如果每影印一次都將最後一頁給他們，那麼最後影印的那本手稿就只有 150 頁，無論誰拿到它都將錯過四分之一的故事。不過作為一個高度進化的生物體，你擁有想出聰明的解決方案的天賦：你在手稿的末尾增加了 50 頁空白頁，並給影印店提供了一本 250 頁的手稿。這樣一來，50 本影印手稿都將有完整的故事，除非你決定影印第 51 本，否則你不會丟失有寶貴資訊的任何一頁。端粒就如同這些空白頁。隨著細胞的分裂，端粒會不斷地縮短，而真正有價值的 DNA 資訊卻得到了保護，所以端粒的一個重要作用就是保護遺傳資訊不隨分裂而丟失。它是位於染色體末端的一小段 DNA-蛋白質複合體，也可以簡單理解為端粒就是 DNA 序列的末端，它是一段重複的、不攜帶遺傳資訊的序列。

由於端粒長度有限，因此它的存在還限制了細胞分裂的次數。美國生物學家李奧納多‧海佛烈克（Leonard Hayflick）是現代老化研究的鼻祖之一。1960 年代，他發現細胞在死亡之前，通常只會分裂固定的次數。人類體細胞分裂次數的極限大約是 52 ～ 60 次。細胞增殖的這一極限被稱為「海佛烈克極限」。這可理解為，細胞經過了 52 ～ 60 次的分裂，端粒的長度已不再足以維持細胞正常的分裂，如圖 9-6 所示。

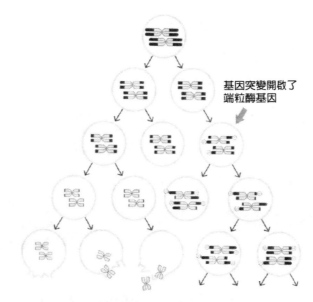

基因突變開啟了
端粒酶基因

圖 9-6　細胞分裂過程中端粒變短（左邊），
最後細胞凋亡，突變開啟端粒酶基因後細胞就會繼續增殖

　　端粒的另一個作用是避免染色體被錯誤地拼接起來。細胞中染色體的斷裂與拼接是經常發生的，細胞只能將染色體斷裂後的片段拼接起來，而不能將不同的染色體拼接起來，也不能將同一條染色體的兩個端點拼接起來形成環，否則無疑將會帶來嚴重的後果。有研究者曾透過基因修飾的方法將小鼠的一些染色體末端相互連接而接合在一起。不幸的是，小鼠細胞的基因表達變得徹底失控，細胞開啟了凋亡程式，小鼠也走向了死亡。端粒的存在為細胞識別染色體的末端與片段提供了標識。

　　但是，如果所有的細胞都存在海佛烈克極限，幹細胞就不復存在；精子與卵細胞是細胞分裂的產物，其中的端粒長度也將短於體細胞，那麼子代的細胞的端粒長度就肯定要短於親代，這樣繁殖也將終止。如果進化選擇這樣的策略，那也就沒有我們的存在了。進化解決的策略是提供端粒酶。端粒酶能夠將變短的端粒補上，如圖 9-7 所示，但這些酶只能限定在特定的細胞，如幹細胞與產生生殖細胞的母細胞中存在，而在一般的體細胞中處於不表達的狀態。

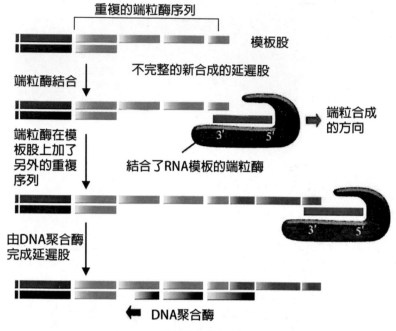

圖 9-7　端粒酶把變短的端粒補上

　　但投機者與違法亂紀者無處不在。有機體中的一些細胞會利用各種機會，偷偷使端粒酶基因表達或者活化它的活性，從而使一些不再分裂的細胞處於能夠進行無限增殖的狀態，這就形成了癌細胞。癌細胞借此成功越過了海佛烈克極限，成了一種具有無限增殖能力的不死的細胞。已有的研究表明，90% 的癌細胞中端粒酶都是有活性的，其他的癌細胞則借助其他手段保持端粒的穩定。

　　可見，端粒處於兩難的境地：沒有它，細胞將會是一團糟，隨著細胞分裂次數的增加，端粒變短，衰老也就相伴而來；而如果每個細胞都補上端粒，一些細胞就發生癌變，也是災難。

　　如果說端粒是進化妥協的產物，那麼「垃圾 DNA」就是進化包容的結果了。

◢ 垃圾 DNA

2003 年，人類基因組測序完成，當我們滿懷希望地打開「生命天書」時，卻尷尬地發現人類的基因是如此之少！控制我們生老病死、喜怒哀樂、性特別貌的基因其實只占「生命天書」很小的一部分，人類細胞中 98% 以上的 DNA 被劃入了垃圾的行列——它們不編碼任何蛋白質。這些數量龐大的 DNA 序列就像遺傳寄生蟲那樣，在 DNA 分子每次複製時都出現在新的分子中，因此研究人員將這些遺傳代碼稱為「垃圾 DNA」。這非常讓人驚訝，因為過去人們一直相信生命都是高效率的生存機器，作為遺傳物質的 DNA 也應該是精美的，每個 DNA 的片段都有它的功能，不會有半點浪費。

這樣的驚訝是有道理的，98% 以上的 DNA 都是垃圾，就像一部 100 分鐘的電影中 98.5 分鐘都是廣告，這似乎不合常理，更有悖作為生物進化選擇的結果。爾後越來越多的研究也進一步證明，許多「垃圾 DNA」確實是有功能的。如此說來，「垃圾 DNA」並不是垃圾。

不過，這裡要回答一個問題：究竟什麼算是「垃圾 DNA」呢？

其實當初提取「垃圾 DNA」時，是相對編碼蛋白質的基因而言的。按傳統基因概念，基因就是編碼某種蛋白質的一段 DNA。它們就像散落於天幕的星星一樣，分散在我們的基因組中。而在這些基因間存在的大片大片的 DNA 片段是不能編碼蛋白質的，即非編碼序列。由於功能不清，1972 年，遺傳學家 Susumu Ohno 提出了「垃圾 DNA」的概念，用來形容那些基因組上沒有生物學意義的非編碼 DNA 序列。由於當時的科學家普遍認為蛋白質才是決定生物性狀的關鍵，而且也沒有一種好的理論和技術手段來解釋這些「垃圾」存在的原因，於是「垃圾 DNA」這一觀念逐漸根深蒂固，並影響著人們對於基因組的認識與研究工作。

隨著研究的深入，科學家發現人與人之間的蛋白質編碼基因有 99%

的相似性。但是，個體的「垃圾DNA」卻有著顯著的差異，這能夠較好地解釋為何基因組編碼部分大體上相似，每個人卻都存在不同。也就是說，是「垃圾DNA」讓每個人都變得獨一無二。顯然，「垃圾DNA」是有作用的。

科學家們已經發現「垃圾DNA」的功能之一是調節基因的活動，它如同一道指令一樣控制著基因。「垃圾DNA」多以重複序列出現，並且具有不穩定性。這些串聯的重複序列常常影響臨近基因結合到核小體（nucleosome，由DNA和組蛋白構成的染色質基本結構單位）的鬆緊程度，並直接影響基因的活化程度，進而影響相關基因的表達。一些控制基因開和關的特殊蛋白（轉錄因子）能特異識別基因附近的非編碼「垃圾DNA」，透過與它們相互作用參與基因的抑制與活化。例如，在酵母中，大約30%基因上游的非編碼DNA在基因調控中發揮作用。在擁有更大基因組的哺乳動物中，雖然特殊的有功能的「垃圾DNA」的分布要比在酵母中分散，但卻在編碼蛋白序列的上下游區域內呈簇分布。特別在人類中，許多「垃圾DNA」序列的變化與複雜疾病（如關節炎、共濟失調症等）的發生息息相關。不同個體對藥物的反應、對疾病易感性的差異在很多情況下也是由一些特殊的「垃圾DNA」調節的。

在「垃圾DNA」家族中還有一類特殊的群體，稱為假基因（pseudogenes）。假基因與基因很像，但卻不能產生功能性蛋白，常常也被歸類為「垃圾DNA」。科學家預計，人類假基因的數量可能與正常基因的數量相近，大約有2萬個，目前鑒定的已超過12,000個。雖然假基因不能合成蛋白，但並不是說它們不具有任何功能，研究發現「假」基因確有「真」本領。研究人員在對小鼠進行遺傳改造時偶然造成了一個假基因的缺失，該小鼠的後代發生嚴重的先天性缺陷，並且壽命急遽縮短，可見這種假基因的作用不可小視，它對健康生命來說是必需的。該假基因是其對應的基因Makorinl的缺陷拷貝，長度不到其一半，只能產生小分子mRNA，卻不能

合成蛋白質。儘管很小，但是這種mRNA有保護真基因免受破壞的功能。如果這個假基因在小鼠或者人類細胞中丟失，真基因的功能也不能正常發揮。研究人員推測，可能是由於假基因 RNA 看起來像 Makorinl，它們掩護真基因，透過犧牲自己將不利因素引開而保護真基因免受干擾，這可能是一種新的基因調節的方法。

此外，也有研究人員使用 DNA 微陣列晶片技術對人類多個組織進行分析，結果發現很多外顯子其實都來源於「垃圾 DNA」，隨著不同的剪切而轉變為不同功能的外顯子。還有研究發現，這些「垃圾 DNA」在基因組中有一種重要功能，即某些「垃圾 DNA」如同基因組的標點符號，使基因組的編碼部分變得有意義。如果沒有這些「垃圾 DNA」作為邊界元件，基因組的編碼部分就如同沒有標點的段落。

很多疾病都與基因的不正常表達有關，尤其是癌症。有科學家研究發現，通常認為是「垃圾 DNA」的序列產生的一種遺傳序列組分將有助於乳腺癌和腸癌的診斷。他們發現 7 種有瑕疵的遺傳組分在乳腺癌細胞中普遍存在，其中有 5 種只存在於乳腺癌細胞內，另外 2 種在腸癌細胞和乳腺癌細胞中均有發現。除了癌症，科學家還發現「垃圾 DNA」與其他疾病也有關係。日本大阪大學的 Shigekazu Nagata 等創造出缺少編碼 DNaseII 基因和其他基因的小鼠模型。結果，不能降解體內「垃圾 DNA」的小鼠模型表現出了與人類風溼性關節炎很相似的症狀。牠們的關節不但出現發炎症狀，而且還具有類似人類在發生關節炎時製造的特徵化合物，包括炎性訊號分子白介素（interleukin）和干擾素（interferon）。英國科學家研究發現，某些「垃圾 DNA」中的重複序列能夠激發某種反應，最終阻止特定的基因被打開，干預細胞的「基因沉默」機制，進而影響疾病。

美國勞倫斯伯克利國家實驗室（Lawrence Berkeley National Laboratory, LBNL）的研究人員發現，「垃圾 DNA」中有一些序列片段，可以像開關或放大器一樣影響臉部基因的作用。眼睛的大小、鼻子的挺

拔、頭顱的形狀等可能都與這些被稱為「增強子」（enhancer）的序列片段密不可分，如圖9-8所示。

研究負責人、遺傳學家阿克塞爾‧菲澤爾說：「人類基因組中可能有成千上萬個增強子，它們都在某種程度上影響臉形的形成，但我們尚不清楚這些增強子怎樣發揮作用。」為驗證他們的發現，研究人員培育了缺少3個已知增強子的轉基因小鼠，接著用電腦斷層成像來獲取這些小鼠8週大時的頭顱三維圖像。結果與所預料的一樣，轉基因小鼠的頭顱比普通小鼠的頭顱要長或短些，或顯得更窄或更寬些。更重要的是，刪除這些增強子沒有引起腭裂、下巴突出或其他問題，所帶來的只是細微的臉部結構調整。

圖9-8　人的相貌可能與「垃圾DNA」相關

研究人員表示，就像指紋一樣，每個人的臉形都獨一無二。即便是雙胞胎，臉形也會存在細微的差異。

但這些依舊只能說明有些「垃圾DNA」並不是垃圾，「垃圾DNA」的比例縮小了，並不能說明「垃圾DNA」不存在。

有科學家認為，人類基因組中有一半基因是寄生蟲DNA的複製品，這些寄生蟲DNA又叫轉座子（transposon），它們往往不斷複製直到發生

變異後失去活性，並沒有特別有用的功能。這些轉座子只有少數具有活性，會導致人體發生疾病。研究人員發現，在哺乳動物的超保留 DNA（非編碼 DNA 中不受外界環境影響而發生變異，在遺傳中一成不變地保留了下來的 DNA）中，轉座子占 5%，這些轉座子中有些也參與基因調控，但大多數並不是人類基本活動所必需的，這些基因的功能可有可無。研究者從人類基因組中選取了 44 個大型基因序列，其中 4.9% 是保留 DNA，結果表明，大約一半的保留 DNA 具有某種功能，而且許多具有特定功能的非編碼 DNA 在人體內存在，但在老鼠中卻沒有保留下來。這些結果表明，這些重要的基因序列決定了人類不同於老鼠。雖然這些非編碼 DNA 具有區別物種的重要功能，但是在整個基因組中只占極小比例，大多數可有可無，只是在進化過程中偶然出現的，既不會妨礙也不會幫助生物的發育。

科學家認為，要弄清這些基因的功能只有透過實驗設計，從動物體內除去這些基因，然後觀察是否會對動物造成嚴重的後果。研究者從老鼠體內刪除兩個大型非編碼 DNA 片段，這些 DNA 片段每個約包含 100 萬個鹼基對，結果表明實驗中的動物很健康，研究人員驚奇地發現，被移走基因的老鼠與正常老鼠相比，發育、壽命、生育能力、體重以及血化實驗結果並無差異。

也有研究者認為，有些「垃圾 DNA」並不直接影響性狀的調控，而是在進化中起作用（當然這就涉及「垃圾 DNA」的界定了）。生物進化的內在驅動力是基因突變。突變是隨機的，就是說在整條 DNA 上任何一個位置，不論是有用基因還是垃圾基因占據的位置，發生突變的機率是均等的。在進化過程中，子代往往從父輩那裡遺傳了一大堆突變基因，如果這些突變造成嚴重的後果，有些子輩在未生下自己的子嗣之前就會死去。進化透過這種方式來阻止一個物種中有害突變的逐代積累，否則就會危及整個物種的生存。倘若我們身上大多數的 DNA 具有某種生理功能，那意

味著大多數突變將落在這些 DNA 序列上，大多數子代將會因有著這樣或那樣的缺陷而不能傳宗接代。為了得到一個健康的孩子，要以生下很多有缺陷的孩子為代價，這是與實際情況不符的。相反，如果我們的大部分 DNA 是垃圾，那麼大多數的突變就不會對我們的繁衍造成影響。有研究者計算了一下，如果整個基因組的 DNA 序列都具有生理功能，在不同情況下為了能夠進化，一對夫婦大約需要生 1 億個孩子，才能保證其中有 2 個是正常的（2 個是保證人類不至於數代之後滅絕的最低數目）。即使基因組中只有四分之一的 DNA 序列具有生理功能，每對夫婦平均也要生近 4 個孩子，才能保證有兩個是正常的。考慮到基因突變率和史前人類的平均生殖率，科學家推算，我們的 DNA 中大約僅有 8% ～ 14% 可能具有某種實實在在的生理功能。

生物是個複雜系統，進化的過程不是推倒重來，而是修修補補，以零敲碎打的方式修整著系統，使之適應新的環境。生命是進化而來的足夠好的系統，但不是設計出來的精緻優雅的系統。也就是說，生命系統是拼湊而成的系統，這樣的系統能夠有效地運行下去，但未必完美。生命進化中，隨著環境的變化，生命編進了新的適應環境的程式，但原有的一些編碼如果無關大局，留著也不傷大雅。生命既然能容忍諸如鐮刀型貧血基因以及蠶豆症基因的存在，也就有理由接受部分「垃圾 DNA」。從這個角度來說，DNA 中存在垃圾似乎也是合理的。我們多次說過，自然選擇青睞的是生存與繁殖，但也包容對生存與繁殖影響不大或沒有影響的存在。

「垃圾 DNA」中有沒有垃圾，還有待科學家做更多的研究。

第十章

拉馬克「歸來」

　　適應是進化的結果，進化以可遺傳的變異為基礎。如果遺傳物質沒有改變，僅性狀改變是不可能遺傳給子代的，因此對進化而言也是沒有意義的，這是經典達爾文理論的觀點，也因此，拉馬克的「獲得性遺傳」被作為反例來批判。然而，表觀遺傳學（epigenetics）興起後，人們驚訝地發現新性狀的出現並不一定是DNA 序列改變的結果，環境可能會催生生物性狀的改變，而這一改變也能遺傳給下一代，這似乎向人們宣告：「拉馬克在歸來！」

◢ 拉馬克與獲得性遺傳

拉馬克（Jean-Baptiste Lamarck, 1774—1892）是法國博物學家。人們普遍認為，他是進化論先驅者，並認為他一生中最偉大的貢獻在於創立了生物史上第一個比較完整的生物進化論體系，否定了當時神造萬物的概念，給生物學界帶來了科學的曙光。

拉馬克認為現在的物種是由某種物種經過緩慢、連續的變化而發展來的。他認為生物體內有著一種由低級向高級發展，自身趨向完美的趨勢。環境是生物進化的原因，並將生物的進化歸納為「用進廢退」和「獲得性遺傳」的假說。拉馬克將「後天性狀遺傳」（inheritance of acquired characteristics）定義為：「外界環境的改變使得動物體產生了一種需求，從而使動物產生了由行為到生理以及結構的一系列的改變，使動物體發生了本質上的改變，並且這種改變是可以遺傳的。」

具體來說是動物對環境的變化做出反應，引發了下列一系列事態：

A. 動物的生存環境一旦發生較大的變化就會引起牠們的需求發生改變。

B. 動物需求的任何變化都要求牠們的行為進行調整以滿足新的需求，結果就形成不同的習性。

C. 每一新的需求要求新的動作來滿足，這樣就要求動物或者較之以前更多地運用軀體的某些部分，從而發展和增強（增大）了這一部分；或者是運用新的部分，這些部分的需求「由於牠們本身的內部感覺的作用」而不知不覺地發展了起來。

例如，長頸鹿生活於非洲乾旱地帶，那裡牧草稀少，長頸鹿不得不攝取樹葉充飢。為達到這一目的，牠們便盡力向上伸展。這種習慣持續漫長的歲月，牠們的前肢就會變得特別長，脖子和頭也長到驚人的程度，如圖10-1 所示。

圖 10-1　拉馬克理論解釋長頸鹿的形成：內在需要驅動進化

　　拉馬克認為，具有神經的高等動物後天獲得性性狀可以傳給下一代，即只要獲得的性狀為雙親所共有，就能透過繁殖保存在牠們的後代中。較有名的例子除長頸鹿外，還有對鷺、鶴等涉禽（wader）長腿、長頸的解釋，即這些鳥類長期生活在水邊，但不喜歡游水，為了不使身體陷進淤泥，就盡力伸長腿部；為了吃到水裡的魚蝦，又不至於濡溼身體，就盡力伸長頸部。這樣，獲得的性狀逐代遺傳下去，時日一久就成了長腿、長頸的涉禽了。

　　但實際上，拉馬克只是在他 1809 年出版的《動物哲學》（*Philosophie Zoologique*）一書中系統闡述了他的進化和遺傳觀點，即通常所稱的「拉馬克學說」。在進化論發展的歷史長河中，拉馬克常被詬病為一個「有點愚蠢」的科學家，其學說遭到了眾多學者的批判，認為他提出了一系列錯誤的進化理論，並且最終在一場關於進化論的「知識大戰」中「輸」給了查爾斯·達爾文（Charles Darwin）。達爾文最終證明拉馬克學說的這些荒誕傳言是完全錯誤的，尤其否定了父親或母親在其有生之年獲得的性狀可以遺傳給其後代的觀點。

　　事實上，這些傳聞中只有極少的部分是真實可信的。與其說拉馬克是一位科學家，不如說他是一位哲學家。而他的《動物哲學》一書也更像是一本面向一般讀者、對當時進化論進行描述的科普讀物，而不是一部經過

科學分析的學術專著。拉馬克確實推廣了「獲得性遺傳」的概念，也宣揚了進化的概念，然而他自己並沒有提出任何一個理論，也從來沒有自詡任何理論的創始人。當時，獲得性遺傳理論其實是被大眾廣泛接受的，包括達爾文。達爾文甚至在他的《物種起源》（*On the Origin of Species*）一書中讚揚拉馬克幫助推廣進化論。

但是不幸的是，當教科書中提及獲得性遺傳理論時，可憐地讓拉馬克成為這個他從未創立過的理論的犧牲品。不知何時，歷史上的一位科普作家（其名字已不可考）從某處獲悉，拉馬克對獲得性遺傳理論負有責任，於是一代又一代的科普作家都繼承了這個觀點，並將其傳承了下去。換句話說，有人把這一理論歸咎於拉馬克，很多人也跟著人云亦云，於是以訛傳訛到今天。時至今日，教科書上還在講述試圖證實拉馬克學說的愚蠢。

我們姑且不去追究誰首先提出了「用進廢退」與「獲得性遺傳」，但這兩個觀點在當時確實得到很多人的支持，同時也深深影響了達爾文。「用進廢退」充分地反映了實際情況：人不再吃草，闌尾用得少便退化了；生活在黑暗洞穴裡的蜘蛛不需要眼睛，眼睛也就退化了；運動員天天鍛鍊，肌肉發達；科學家喜歡讀書、思考，就變得聰明，所以科學家的小孩也會比較聰明……按照這樣的觀點，你如果希望自己在哪方面有重大的成就，那麼努力磨練就是了。而且，不僅你可以在這方面獲得優勢，你的子孫也能沾光。

現代分子生物學已經證明，遺傳資訊是按中心法則傳遞的，即遺傳資訊只能從 DNA 傳遞給 RNA，再由 RNA 傳遞給蛋白質，不可能從蛋白質傳遞給 DNA（RNA 病毒的遺傳資訊也可以從 RNA 傳給 RNA 或 DNA）。因此，如果遺傳物質沒有改變，只是性狀發生改變，這種變異是不會遺傳給子代的。

但近年來興起的表觀遺傳學卻為拉馬克主張的獲得性遺傳提供了越來越多的證據，這似乎暗示了「拉馬克的歸來」。如果拉馬克泉下有知，不知道是該高興還是尷尬。

◢ 冬日饑荒

1944 年 9 月，第二次世界大戰進入最為殘酷的階段，占領荷蘭的德國軍隊禁止將糧食與煤炭運往該國的北部地區，並且全面封鎖了水陸交通。鹿特丹港的起重機、船隻以及碼頭全部被炸毀，只留下了一個「在死亡邊緣痛苦掙扎的荷蘭」。荷蘭的內陸河網是四通八達的，但阿姆斯特丹、鹿特丹、烏得勒支與萊頓等城市的食品與燃料供應完全依賴外界定期運輸。到了 1944 年初冬，送抵瓦欠河與萊茵河北部省分的戰時配給嚴重供不應求，當地百姓面臨著飢餓的威脅。雖然同年 12 月水路重新開放，但是航道已經完全凍結。首先是奶油從餐桌上消失，接下來是奶酪、肉、麵包與蔬菜。在絕望、寒冷與飢餓的驅使下，人們先是用自家院子裡種植的鬱金香球莖與菜皮充飢，然後又被迫開始食用樺樹皮、樹葉與野草。最終，食物攝入量降至每天約 400 大卡，只相當於 3 個馬鈴薯所能提供的熱量。人們「只剩下飢餓與本能」。饑荒一直持續到 1945 年，雖然死於營養不良的男女老幼數以萬計，但是最終還是有幾百萬人得以倖免。時至今日，這段歷史依然銘刻在荷蘭人民的記憶中，並且被正式稱為「冬日饑荒」或「飢餓冬天」。

可怕的饑荒也創造了一個了不起的科學研究案例。因為荷蘭擁有優秀的醫療基礎設施和醫療紀錄保存能力，流行病學家得以據此對饑荒造成的長期影響進行追蹤調查，而他們的研究結果是完全出乎意料的。

他們研究的第一個問題是那個可怕的饑荒對當時已經在子宮內發育的胎兒的出生體重的影響。結果顯示，如果母親在孕期一直營養良好，而僅僅在最後的幾個月營養不良，她的孩子在出生時很可能體重偏低，而如果母親只在懷孕的前三個月營養不良（胎兒剛好出現在這個恐怖事件快結束時），但隨後孕婦被精心餵養，那麼她的孩子很可能體重正常，胎兒「追趕上」了正常的體重。這一切似乎理所應當，並沒什麼稀奇，因為我們都

知道胎兒大部分的體重是在懷孕最後幾個月獲得的。當流行病學家追蹤研究了這些群體的嬰兒幾十年後，他們有了令人驚訝的發現。那些出生就瘦小的嬰兒一直保持著他們的瘦弱，其群體的肥胖率比一般人群顯著降低。經過 40 年或者更長的歲月後，這些人已經能夠隨意獲取食物，但他們的身體卻從沒有跨越過原來營養不良的範疇。為什麼會這樣？這些早期的生活經歷是如何持續影響這些人長達幾十年的？為什麼即使生活環境恢復正常，這些人仍不能夠回歸正常呢？

還有更令人吃驚的發現，在懷孕早期經歷饑荒的母親生出的孩子的肥胖率居然高於正常人群。而最近的報告還表明，這些孩子的其他健康問題發生率也較高，包括某些心理方面。儘管這些人出生時看起來似乎是完全健康的，但在母親的子宮中肯定發生過什麼，而這影響了他們以後幾十年的生活。值得注意的並不是這個影響存在的事實，而是這個影響發生的時間。試想一下，一件發生在胎兒發育前三個月的事情（而當時的胎兒還非常小），居然會影響一個人的餘生，這真是不可想像。更離譜的是，其中一些效應似乎延續到了這個群體的子代，也就是在懷孕期前三個月遭遇營養不良的母親生出的女兒的下一代。所以，那件懷孕中發生的事情甚至影響了她們孩子的孩子。突如其來的饑荒不僅對於經歷浩劫的倖存者基因產生了影響，而且這些遺傳資訊還傳遞到了他們的孫輩，因此某些遺傳因素或因子必定已經在飢餓人群的基因組中留下烙印，並且其作用還至少延續了兩代人。「冬日饑荒」不僅載入了史冊，同時也形成了這個民族的遺傳記憶。

那麼這個遺傳記憶到底是什麼？遺傳記憶是如何超越基因本身進行編碼的呢？遺傳學家發現，饑荒倖存者（倖存者的定義很明確，就是群體內所有人都在完全相同的時間裡遭遇過一段時間營養不良的人群）的子孫容易發生代謝性疾病，彷彿他們的基因組攜帶有祖輩代謝異常的記憶。但是基因序列的改變不可能是產生此類「記憶」的原因。這項研究涵蓋的人數

成千上萬，他們的基因不會在祖孫三代人中均發生同樣的突變。對於「冬日饑荒」的倖存者來說，一定是基因與環境之間的交互作用改變了他們的表型，同時必定會有某種成分融入了基因組，而這些成分作為遺傳標記可以世代相傳。

這個遺傳標記會是什麼呢？

◢ DNA 甲基化

我們先來看一個小鼠的實驗。實驗是 2003 年在美國杜克大學醫學中心實驗室進行的。

遺傳實驗的材料是一種黃色小鼠。這種肥碩的黃色小鼠帶有一種獨特的基因，叫做「鼠灰色基因」或者「刺豚鼠（Agouti）毛色基因」，這種基因使牠們擁有了特有的淺色皮毛，並且具有患肥胖症的傾向。當攜帶鼠灰色基因的雄性小鼠與攜帶鼠灰色基因的雌性小鼠交配以後，總會產下具有相同特徵的鼠寶寶 —— 牠們胖胖的，毛髮的顏色是黃色的。鼠生鼠，黃毛胖子的後代仍然是黃毛胖子，這符合我們對遺傳的認知。

杜克大學的一個科學家團隊將一群攜帶鼠灰色基因的小鼠分成了兩組：對照組和實驗組。對照組中的小鼠沒有獲得特殊的優待，其飲食與平日無異。科學家讓肥胖的雄性黃色小鼠「米奇」與肥胖的雌性黃色小鼠「米妮」進行了交配，「米妮」最終生下了肥胖的黃色小鼠寶寶 —— 這是毫無懸念的事情。實驗組中的小鼠同樣進行了交配，但是該組中的小鼠準媽媽得到了稍好的產前護理 —— 除了正常的飲食之外，牠們還被餵食了維生素補充劑。事實上，科學家給牠們餵食的是一種複合維生素，它是目前懷孕婦女所服用的產前維生素的一種變體，包含維生素 B_{12}、葉酸、甜菜鹼和膽鹼。

實驗結果匪夷所思，幾乎震驚了整個遺傳學界。實驗組中肥胖的雌性黃色小鼠在和雄性小鼠交配以後，竟然產下了骨瘦如柴的褐色的鼠寶寶。一時間，科學界之前對遺傳的所有認識似乎被完全推翻了。之後，科學家對褐色小鼠的基因進行了檢測，更是增加了牠的神祕感，因為牠們的基因居然與其父母的基因完全相同！褐色小鼠的鼠灰色基因仍然存在於它本應該存在的位置上，隨時準備發出指令，使牠們變得體形肥胖、毛髮發黃。所以，究竟發生了什麼呢？

　　研究者發現，給小鼠準媽媽餵食的維生素補充劑中的一種或多種化合物進入了小鼠的胚胎之中，並將鼠灰色基因的開關按在了「關」的位置上。當鼠寶寶出生以後，牠們的 DNA 中仍然含有鼠灰色基因，但是已經不再表達，因為一種被稱為「甲基」（methyl group）的化合物與基因結合，抑制了基因的表達。這種基因抑制的過程被稱為 DNA 甲基化（DNA methylation）。甲基化並沒有改變 DNA。維生素補充劑中的化合物含有甲基供體（methyl donor）—形成甲基的化學分子，能夠阻斷遺傳訊號。

　　DNA 的甲基化是 DNA 分子的鹼基上被加上了甲基（—CH$_3$）。DNA 的 4 種鹼基中，能被甲基化的只有胞嘧啶（C）。DNA 的甲基化需要甲基轉移酶催化。大多數情況下，甲基轉移酶只能催化 G 前面的 C 的甲基化，這個被甲基化的 C 後面緊跟著 G 的結構，就叫做 CpG（見圖 10-2）。DNA 的這種甲基化會影響基因的表達，並傳遞到子代的細胞中，但不會改變基因的鹼基序列，如同給基因加上了一把鎖。它能調節個體的生長、發育，保障機體的正常生命活動。試想一個神經細胞中，如果血紅素基因、胰島素基因等各種基因都被打開，細胞將會亂成一團，神經細胞的功能就無法保障。對於神經細胞來說，必須給無關自身生命活動的基因加上一把鎖，將這些「無用」的基因塵封在細胞中。在環境條件發生改變的情況下，為適應這種變化，細胞會做出多種調控，而甲基化也就是選項之一。

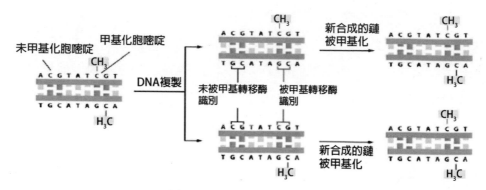

圖 10-2　DNA 的甲基化及傳遞

　　研究者對荷蘭「冬日饑荒」倖存者進行的甲基化分析也顯示，與代謝相關的基因上出現了甲基化的變化。儘管這種相關性並不能被證實是直接的因果關係，但發育早期的低營養狀態會改變代謝關鍵基因的表觀遺傳學特徵已得到證實。

　　懷孕早期的代謝失衡，比飢餓會顯著地改變胚胎細胞中的表觀遺傳學進程。細胞為了適應低營養的環境，會透過改變代謝來盡力保持胚胎的健康生長。細胞透過改變基因表達（如甲基化，但不只是甲基化）以應對營養的匱乏。母親懷孕早期遭遇饑荒，其孩子在成年後罹患肥胖的機率較高，那是因為子代的細胞被表觀遺傳編定程序為盡最大的努力去節約食物的模式。這一設定一直保持，即使是在食物供應充足的多年以後。如果這種修飾不能在形成生殖細胞時全部清零，那麼也就可能隨著生殖細胞傳遞給後代。最終，歷史的記憶也就轉化成了細胞的記憶。

◤ 玳瑁貓

　　玳瑁貓因毛的顏色與玳瑁（海龜科的海洋生物）非常相似而得名。其毛色是黑色和薑黃色條紋的混合體。貓身上的每種毛色是由產生色素的黑色素細胞決定的。黑色素細胞生長於皮膚，由特殊的幹細胞發育而來。當黑色素細胞的幹細胞分裂時，子代細胞停留在相互靠近的位置，同一來源的細胞就形成了一片聚集區。奇怪的是，如果一隻貓的顏色是玳瑁紋的，牠一定是雌性。

　　決定毛色的基因只存在於 X 染色體上，一條 X 染色體只能攜帶一種顏色的資訊。黃色和黑色是一對等位基因，也就是說，一條 X 染色體上攜帶的要麼是黃色毛基因，要麼是黑色毛基因。一般貓的腹部都是白色的，白色是白化基因起的作用，讓貓本來的顏色不能顯示出來。這種白化基因並不存在於性染色體上，因而不受 X 染色體去活化的影響。

　　對於只有一條 X 染色體的雄貓，牠的毛色要不是黃白，就是黑白。對於雖然有兩條 X 染色體，但是毛色基因一致的雌貓，毛色也是黃白或者黑白。只有雜合體的雌貓，一條 X 染色體上帶的是黃色毛基因，另一條 X 染色體上則是黑色毛基因。在胚胎發育的早期，已經形成了多細胞的階段，兩條 X 染色體要去活化一條，去活化的 X 染色體濃縮成染色較深的染色質體。有些細胞保留黃色毛基因所在的 X 染色體的活性，而有些細胞保留黑色毛基因所在的 X 染色體的活性。而且，由這些細胞分裂出來的子代細胞都保持一樣的去活化程式。最後出生的小貓身上的花斑就是黃色和黑色混合，這是因為同一色的斑塊實際上來自於同一個前體細胞，並保留相同的 X 染色體去活化的選擇，如圖 10-3 所示。

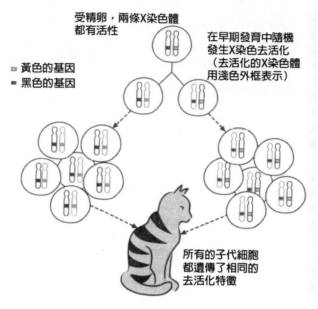

圖 10-3　玳瑁貓的形成原因

　　在哺乳動物中，無論雄性還是雌性，體細胞中只有一條有活性的 X 染色體。在雌性體細胞內，雖然有兩條 X 染色體，但是為了保證 X 染色體上的基因表達劑量在一個合適的範圍內，在胚胎發育到原腸胚時期，體細胞中兩條 X 染色體中的一條隨機去活化，這就是 X 染色體去活化。而且，一旦這個細胞啟動了對某一條 X 染色體的去活化進程，那麼這個細胞的子代細胞都會保持對同樣的一條 X 染色體的去活化。為什麼活性染色體的個數不能太多呢？唐氏症候群（Down's Syndrome）是一個極好的例子。唐氏症候群是一類遺傳性疾病，它的病因是患者細胞中有 3 條第 21 對染色體。多一條染色體可不是什麼好事，唐氏症候群患者有學習障礙、智力障礙等。劑量補償效應是 X 染色體去活化現象最為流行的假說，也得到了很多科學實驗的支持。劑量補償效應認為，X 染色體上有相當多的參與生理代謝等重要功能的基因，這些基因的表達產物與其他常染色體上基因的表達產物一起協同工作。X 染色體去活化可以看作是維持 X 染色體上基因表達在雌性和雄性之間的平衡。

1932 年，繆勒（H.J.Muller）首先報導，在果蠅中，雄性果蠅的 X 染色體的轉錄效率要比雌性的高，而轉錄產物最終濃度在兩種性別中差不多。1961 年，瑪麗．萊昂（Mary Lyon）在哺乳動物中發現了同樣的現象，並且提出了 X 染色體去活化的概念，即在雌性動物體細胞中只有一條 X 染色體是有活性的，而另外一條 X 染色體去活化成為巴氏小體（Barr body）。

那麼 X 染色體去活化的機制又是什麼呢？怎樣保證有且只有一條 X 染色體去活化呢？

X 染色體的去活化起始於 X 染色體去活化中心（X Inactivation Center, XIC），去活化中心的 Xist 基因正向轉錄出 XIST RNA，反義轉錄出 TSIX RNA。在細胞分化之前，雌性個體的兩條 X 染色體均低水準表達 Xist。當細胞分化開始之後，Xist 的表達出現差異，即只在一條 X 染色體上強烈表達。強烈表達產生 XIST RNA 的染色體將來會去活化，因為 XIST RNA 偏好和轉錄它本身的染色體結合，使得 X 染色體的 DNA 甲基化，從而失去了轉錄的活性。其次，將組蛋白進行修飾，如誘導 H3 組蛋白第 27 位賴氨酸的甲基化，引發 XIST RNA 的上調，從而在 Xist 的 5' 端產生一個異染色質的斑塊。同時，XIST RNA 還募集多種蛋白質結合到 X 染色體上，維持其去活化狀態。伴隨著 XIST RNA 擴散覆蓋染色體導致基因的沉默，X 染色體變成異染色質狀的巴氏小體。而保持活性的 X 染色體上 Xist 仍處於低水準表達，並最終沉默。反義 RNA TSIX RNA 是 X 染色體去活化的負調控因子，研究表明，存在另一機制使得 X 染色體去活化，即 XIST RNA 與 TSIX RNA 透過復性形成二聚體，並被 Dicer 酶剪切成對去活化的 X 染色體進行異染色質修飾所必需的 RNA，如圖 10-4 所示。

除此之外，DNA 甲基化的差異也與 X 染色體去活化過程密切相關：在去活化的染色體上，許多基因的啟動子甲基化而失去了轉錄的活性，而 Xist 基因卻沒有被甲基化，可以持續產生 XIST RNA。相反地，有活性的染色體上 Xist 基因被甲基化了。

可見，X染色體去活化也與甲基化有關，屬於表觀遺傳的範疇。

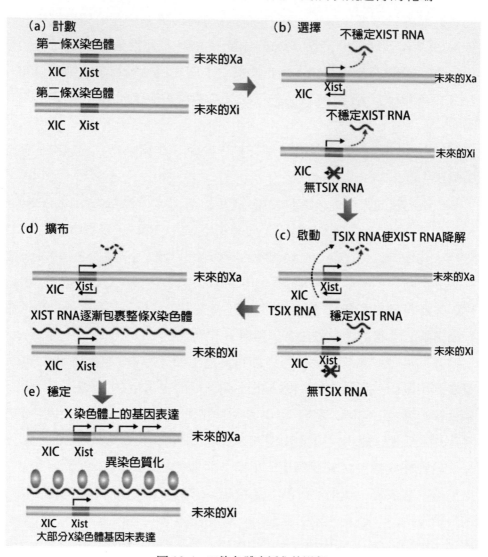

圖 10-4　X染色體去活化的過程

◢ 食物改變命運

　　蜜蜂是組織嚴謹、具有社會性特徵的昆蟲，按照不同的職能，可以分為蜂王、工蜂和雄蜂。一個蜂群王國通常是由一隻蜂王、300 ～ 400 只雄蜂和數量可達數萬隻的工蜂組成的，如圖 10-5 所示。

　　蜜蜂王國是一個強大的母系社會，雄蜂僅能存活三四個月，其使命僅是與蜂王交配。而蜂王具有強大的生育能力，一次可產卵 2,000 ～ 3,000 個，一生產卵的數量達 100 萬～ 150 萬。而在每次近 3,000 個受精卵中，僅有一個能發育成為新蜂王，其餘的將成為工蜂。

　　蜂王和工蜂的 DNA 一模一樣，但蜂王個頭大，一副「王者風範」，全靠工蜂供養；而工蜂嬌小勤勞，每天負責採蜜勞作，回巢供養蜂王。為什麼牠們的命運有天壤之別呢？

圖 10-5　蜜蜂是由蜂王、工蜂與雄峰構成的社會性昆蟲

　　祕密就在牠們出生後的食物。蜂王一出生，就以營養豐富的蜂王漿為食，營養絕佳。而工蜂出生之後，就只能以花粉、花蜜為食，營養無法與蜂王漿相比。

　　吃什麼，決定了誰將成為「女王」，誰將成為「奴隸」。

　　遺傳背景相同的蜜蜂在發育過程中由於後天撫育條件的不同，基因表

達模式出現了差異，最終導致表型的穩定差異。

2006 年，蜜蜂基因組測序合作組報導了蜜蜂（Apis mellifera）的基因組序列，同時他們還發現蜜蜂基因組中廣泛存在著 CpG 位點的 DNA 甲基化，並斷定蜜蜂的分化發育與這些 DNA 甲基化密切相關。

隨後在對蜜蜂的研究中發現，蜂王與工蜂的基因組 DNA 甲基化模式存在著明顯的區別，其中蜂王的基因組甲基化程度低於工蜂，如圖 10-6 所示。進一步的研究還證實，這種區別與蜜蜂幼蟲是否餵食蜂王漿密切相關：與對照相比，餵食蜂王漿的蜜蜂幼蟲的基因組甲基化程度低，將來發育成蜂王。蜜蜂的雌幼蟲後期是否餵食蜂王漿，可造成基因組 DNA 甲基化程度的差異。同生物系統內的其他生理生化反應一樣，甲基化也是一種酶催化反應，承擔該催化作用的主要是 DNA 甲基轉移酶（Dnmt），該酶能夠催化胞嘧啶轉化為 5- 甲基胞嘧啶。研究人員在真核生物中發現了 3 類 DNA 甲基轉移酶，分別是 Dnmt1、Dnmt2 與 Dnmt3。其中，Dnmt3 被證實是蜜蜂基因組甲基化的主要參與者。透過 RNA 干涉的分子生物學手段，在幼蟲時期人為地將 Dnmt3 的基因表達水準敲低，使得雌蜂幼蟲表觀遺傳酶（Dnmt3）的功能發揮遭到破壞性抑制干預，則在同樣餵食花粉和花蜜的條件下，正常雌蜂幼蟲繼續發育成工蜂；相比之下，Dnmt3 功能缺陷的雌蜂幼蟲發育成蜂王，如圖 10-7 所示。該結果說明，即使在飲食中缺乏蜂王漿的情況下，如果能夠利用其他手段降低基因組甲基化水準，雌蜂幼蟲仍然能夠發育成蜂王，即基因組甲基化水準是決定蜜蜂分化發育的關鍵因素。

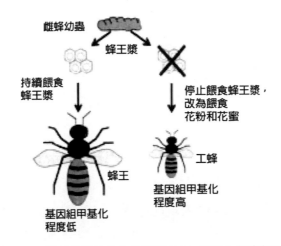

圖 10-6　雌蜂幼蟲的分化發育與 DNA 甲基化程度相關

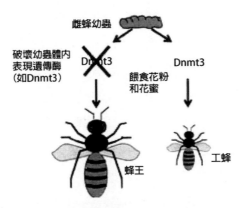

圖 10-7　破壞雌蜂幼蟲表觀遺傳酶 Dnmt3，導致雌幼蟲向蜂王分化發育

　　從上述結果，人們很自然地推斷：蜂王漿之所以能夠影響蜜蜂的分化發育，其原因可能是蜂王漿能夠影響關鍵表觀遺傳酶基因（Dnmt3）的表達。事實上的確如此，2011 年，江西農業大學的一篇研究報導證實蜂王漿的處理可降低蜂王細胞中 Dnmt3 基因的表達水準。之後，他們透過對蜂王漿成分的分析發現，蜂王漿中含有一種被稱為 10- 羥基 -2- 癸烯酸（10-HAD，或稱為蜂王酸）的成分，可以控制關鍵表觀遺傳酶基因的表達，進而影響蜂王分化發育相關基因的甲基化修飾特徵，從而使得基因表達模式

朝著蜂王方向定向發育。

蜂王和工蜂的故事從一個側面說明環境因素的重要性，它竟然可以輕而易舉地改變一個物種的表型，而表觀遺傳修飾就是其中的媒介。事實上，表觀遺傳在生命過程的各方面都發揮著重要調控作用，和基因這個「造物主」比起來，表觀遺傳就像生命現象的高級管理者。

表觀遺傳學的發展使我們更好地認識了「基因型＋環境＝表型」這一命題。表型是生物發育過程中基因型與環境相互作用的產物，表觀遺傳因素可以使相同基因型的個體表現出差異性的表型。而在生物進化中，直接供自然選擇挑選的不是基因型而是表型。這也就意味著，表觀遺傳因素使自然選擇有了更多可挑選的對象。表觀遺傳作為對遺傳資訊的重要補充，為自然選擇提供了更多材料，這對生物進化必定是有意義和價值的。

需要說明的是，雖然環境資訊可以銘刻在基因組上，但是其中大多數印記只反映了單個生物體細胞與基因組的「遺傳記憶」，它們並不能在日後的繁衍過程中薪火相傳。假如某人在意外中失去一條腿，那麼該事件將在細胞、傷口以及瘢痕中留下印記，但是此類結果並不會導致其後代的下肢出現短縮。長頸鹿透過努力伸長脖子，有可能使脖子更強健或伸得更長，但這種變化並不會在子代中得到繼續。如果你是一個女孩，無論你怎麼吃蜂王漿或其他食品，都不能讓你變成一個與眾不同的「女王」，它只能影響你的胖瘦或者健康與否。所以，表觀遺傳只是基因組遺傳的補充，拉馬克獲得性遺傳具有了某些支持，但這並不意味著拉馬克的捲土重來。

從細胞到生物圈：

馬爾薩斯陷阱、地球系統演化史、拉馬克歸來，在「好玩」過程中理解生物學的本質

編　　著：張超，趙奐，林祖榮

發 行 人：黃振庭

出 版 者：崧燁文化事業有限公司

發 行 者：崧燁文化事業有限公司

E-mail：sonbookservice@gmail.com

粉 絲 頁：https://www.facebook.com/
　　　　　sonbookss/

網　　址：https://sonbook.net/

地　　址：台北市中正區重慶南路一段六十一號八
　　　　　樓 815 室

Rm. 815, 8F., No.61, Sec. 1, Chongqing S. Rd.,
Zhongzheng Dist., Taipei City 100, Taiwan

電　　話：(02)2370-3310

傳　　真：(02)2388-1990

印　　刷：京峯彩色印刷有限公司（京峰數位）

律師顧問：廣華律師事務所 張珮琦律師

國家圖書館出版品預行編目資料

從細胞到生物圈：馬爾薩斯陷阱、
地球系統演化史、拉馬克歸來，在
「好玩」過程中理解生物學的本質
/ 張超，趙奐，林祖榮編著 . -- 第
一版 . -- 臺北市：崧燁文化事業有
限公司, 2022.08
　　面；　公分
POD 版
ISBN 978-626-332-599-9(平裝)

1.CST: 生物 2.CST: 中等教育
524.36　　111011613

電子書購買

臉書

定　　價：280 元

發行日期：2022 年 08 月第一版

◎本書以 POD 印製